Mein Freund Nepomuk und ich

und wie es war, kein Pionier zu sein

Johanna-Maria Franke

1. Auflage 2013
Persimplex Verlag
© 2013 Persimplex Verlag
Autorin: Johanna Maria Franke
Cover: Michael Franke
ISBN: 978-3-86440-028-5
www.persimplex.de
kontakt@persimplex.de

In Liebe meinen Söhnen

Benjamin, Thaddäus, Jonathan, Nikolaus und Gabriel

gewidmet.

INHALTSVERZEICHNIS

EIN KLEINES NACHWORT, DAS IHR ZUERST LESEN DÜRFT 7

WIE SICH FÜR UNS BEINAHE DIE HIMMELSTÜR VERSCHLOSS 9

WIE WIR EINEM RÄUBER DAS MAUSEN VERMIESTEN 18

WIE WIR MEINEN VATER BEI SEINER SEELSORGERLICHEN TÄTIGKEIT UNTERSTÜTZTEN 24

WIE DER HERR KREISSCHULRAT DAS VERGNÜGEN HATTE, MEINE MUTTER KENNEN ZU LERNEN 31

WIE WIR UNS HELDENHAFT IN EINER KATASTROPHE BEWÄHRTEN 38

WIE WIR DIE ZAHL DER GOTTESDIENSTBESUCHER ERHÖHEN WOLLTEN 47

WIE WIR VON UNSEREM GEMÜSEHÄNDLER BESCHENKT WURDEN 57

WIE WIR UNSEREM VATER VERSPROCHEN HATTEN, UNS UM SEINE KANINCHEN ZU KÜMMERN 60

WIE AUS MIR BEINAHE EIN MILITARIST GEWORDEN WÄRE 69

WIE ES UNS GELANG, DIE WAHLSCHLEPPER ZU TRÖSTEN 78

WIE NEPOMUK AUS MIR EINEN VORBILDLICHEN PIONIER MACHTE 87

WIE NEPOMUK DEN HERRN GRÖGER UMERZOGEN HAT 97

WIE WIR TANTE SIBYLLE EINE KLEINE FREUDE MACHTEN 106

WIE NEPOMUK UND ICH DICKER WERDEN SOLLTEN 119

WAS AUS NEPOMUK UND MIR GEWORDEN IST 129

WAS IHR VIELLEICHT NOCH ÜBER DIE PIONIERORGANISATION ERFAHREN MÖCHTET 131

WAS IHR VIELLEICHT NOCH ÜBER DIE LPG ERFAHREN MÖCHTET 138

WAS IHR VIELLEICHT NOCH ÜBER DIE STASI ERFAHREN MÖCHTET 143

QUELLENVERZEICHNIS 148

BILDANHANG 149

EIN KLEINES NACHWORT, DAS IHR ZUERST LESEN DÜRFT

So ein Zufall! Als ich das folgende Buch las, stellte ich fest, dass Felix auch vier jüngere Brüder hatte, genau wie mein Sohn Benjamin. Und dieser war nebst seinen Brüdern ebenso nicht bei den Pionieren. Und noch vieles andere kam mir irgendwie bekannt vor. So manche Erinnerung aus vergangenen Tagen stand wieder vor meinen Augen. Doch wenn ihr jetzt denkt, dass ich mich nach der „guten alten Zeit" sehne, wie das bei vielen Omas der Fall ist, dann irrt ihr euch gewaltig. Denn so außerordentlich gut waren die Zeiten in der früheren DDR wirklich nicht für Kinder, die nicht bei den Pionieren waren. Unsere Jungen hatten so manche Schikanen zu ertragen. Besonders schlimm hatte es meinen dritten Sohn Jonathan getroffen: Er wurde regelmäßig von einigen seiner Klassenkameraden verhauen, nur weil er der Sohn des Pfarrers war. Daran hatte er mächtig zu kauen, sodass er es sich beinahe abgewöhnt hatte, an Gott zu glauben. Aber inzwischen hat er längst eingesehen, dass Gott schließlich nichts dafür kann, wenn es Menschen gibt, die jemanden auslachen oder gar verprügeln, nur weil sein Vater von Beruf Pfarrer ist.
Aber auch, wenn das Leben in der DDR nicht immer leicht war, so haben wir dennoch das Leben geliebt. Und wir haben gelacht, denn das Lachen gehört zum Leben. Sollten wir denn den ganzen Tag weinen, weil wir nicht nach Amerika oder Frankreich reisen durften oder weil es bei uns das meiste nicht gab, was man heute in den Schaufenstern betrachten und - wenn man genügend Geld hat - auch kaufen kann? Oder sollten unsere Kinder die Köpfe hängen lassen, weil sie nicht hoffen durften, das Abitur machen zu dürfen und jemals studieren zu können, nur weil sie keine Pioniere gewesen waren und all diesen Kram nicht mitmachten, der für einen vorbildlichen DDR-Bürger eigentlich Pflicht war?
Nein, sie ließen die Köpfe nicht hängen. Sie waren meistens vergnügt und spielten und tobten herum. Ich glaube, sie spielten mit mehr Fantasie und Freude als viele der heutigen Kinder, die stundenlang vor dem Fernseher oder Computer sitzen. Aber eigentlich sind sie selbst daran schuld. Keiner zwingt sie dazu.
Und nun wünsche ich euch viel Freude beim Lesen der folgenden Geschichten.
Eure Johanna-Maria Franke

WIE SICH FÜR UNS BEINAHE DIE HIMMELSTÜR VERSCHLOSS

Ich heiße Felix und Nepomuk ist mein Freund. Wenn es nicht so wäre, könnte ich euch diese Geschichte nicht erzählen. Und ob das gut oder schlecht für euch wäre, müsst ihr natürlich selbst entscheiden. Aber eines ist schon mal klar: Mit Nepomuk musste es einfach so enden, wie es endete. Wenn einer zu viel nachdenkt, kann das mitunter genauso schwerwiegende Folgen haben wie bei einem, der zu wenig nachdenkt. Und ich glaube, dass Nepomuk sehr viel nachgedacht hat. Aber nun werde ich einfach mit der Geschichte beginnen.

Alte Leute haben es manchmal so an sich, dass sie immer von der guten alten Zeit schwärmen oder zumindest sehr viel von ihr reden. Und weil ich auch schon ein bisschen alt bin, werdet ihr ganz schnell merken, dass ich leider auch schon ein bisschen alt bin. Aber schön ist, dass ich nicht schon immer alt, sondern früher, genau so wie ihr, auch ein Kind war. Und obwohl meine Knochen schon lange nicht mehr wachsen, habe ich oft das Gefühl, innen drin noch immer nicht ganz fertig gewachsen zu sein.

Als ich eine bestimmte äußerliche Größe erreicht hatte, ging es auch mir wie all den anderen Jungen meines Alters: Ich musste in die Schule gehen. Dieses Schicksal bleibt euch ja heute auch nicht erspart. Aber früher, zu meiner Zeit, war es doch irgendwie anders.

In unserem Dorf gab es fünf Schulen, drei von ihnen waren für die Grundschüler von der ersten bis zur vierten Klasse bestimmt und zwei für die Mittelschüler bis zur zehnten Klasse. Wenn einer das Abitur machen wollte, musste er ab der neunten Klasse in die Stadt fahren und dort noch vier Jahre auf die „Erweiterte Oberschule" gehen. Die wurde unter den Schülern immer „Penne" genannt, vielleicht dachten sie: Lieber acht Stunden Penne als gar keinen Schlaf!

Von unseren drei Grundschulen stand eine im Oberdorf, eine im Unterdorf und eine so ziemlich in der Mitte. Und das Praktische daran war, dass die Kinder aus dem Oberdorf nicht in die Schule in der Mitte gehen mussten, oder die aus dem Unterdorf in die im Oberdorf stehende. Nein, jeder ging in die Schule, die am nächsten an seiner Wohnung stand. Natürlich gab es auch Ausnahmen, wenn zum Beispiel jemand aus dem Oberdorf ins Unter-

dorf umgezogen war und bei seinen Kameraden in der Klasse bleiben wollte. Aber in der Regel war es tatsächlich so, dass jeder von uns ganz gemütlich zur Schule laufen konnte.
Und wenn ich morgens tatsächlich einmal verschlafen hatte, weil auch meine Mutter verschlafen hatte, da einer meiner kleinen Brüder sie in der Nacht gar zu sehr beschäftigt hatte, kam ich trotzdem meist noch, zwar ungekämmt und mit leerem Magen, rechtzeitig zum Unterrichtsbeginn in der Schule an. In der ersten Pause brachte mir dann meine Mutter die Frühstücksbrote und was ich sonst für irgendeine Schulstunde vergessen hatte. Und ganz heimlich zog sie aus ihrer Tasche einen Kamm, mit dem sie schnell und unauffällig meine Haare etwas glättete, sodass ich ab der zweiten Stunde so fein herausgeputzt dem Unterricht folgen konnte, als hätte ich gar nicht verschlafen. Heutzutage darf es einer Mutter überhaupt nicht mehr passieren, das Aufstehen zu verschlafen. Denn für die meisten von euch ist der Schulweg so weit, dass man den Eindruck hat, ihr sollt später alle einmal Marathonläufer werden. Oder ihr werdet von großen Schulbussen abgeholt, mit denen ihr jeden Morgen durch euren gesamten Landkreis gefahren werdet, ehe ihr endlich an eurer Schule ankommt. Nun sagt mir, wie kann eine viel beschäftigte Mutter bei solchen Entfernungen die Frühstücksbrote nachliefern? Und außerdem sind die heutigen modernen Schulen meist so groß, dass der Schultag fast vorbei ist, ehe sie euch gefunden hat.
In unserer Schule, das war die in der Mitte, hatte jede Klasse ein eigenes Zimmer. So fühlten wir uns nach einer Weile in unserem Klassenzimmer wirklich ein bisschen wie zu Hause. Natürlich nicht ganz, aber immerhin. Und an den Wänden hingen stets die verschiedenen Kunstwerke von uns Schülern. Zum Beispiel sah man in der ersten Klasse unsere Selbstporträts mit einer großen Zuckertüte im Arm. Man konnte zwar nicht gleich erkennen, wer wen darstellen sollte, aber zumindest wusste jeder, wer er selbst war.
Im Oktober lächelten uns dann die Bilder meiner Kameraden und natürlich auch mein eigenes mit einem großen Drachen auf dem Feld hinter den Bahnschienen an. Im November mussten alle einmal mit ihrer Mutter die Küche putzen, damit sie sich auf einem Selbstporträt mit Schürze verewigen konnten. Und im Dezember waren wir in trauter Zweisamkeit mit dem Weih-

nachtsmann zu sehen.
So ging es weiter durch das ganze Schuljahr. Wir waren also außerordentlich wichtig für die Ausgestaltung unseres Zimmers.
In unserem Klassenraum durften wir sogar Blumen züchten. Doch nicht nur das, denn ab und zu erfreuten wir unsere stets auf unsere Sauberkeit bedachten Mütter mit einer prächtigen Läusezucht auf unseren Köpfen.
Als ich eingeschult wurde, kam es endlich zu dem denkwürdigen Ereignis, dass ich Nepomuk kennen lernte, denn auch er hatte ungefähr meine Körpergröße und wohnte näher bei der Schule in der Mitte als bei den beiden anderen.
Da meine Brüder und ich nie in den Kindergarten gegangen waren, hatte ich ihn erst in der Schule getroffen und hatte das große Glück, mit ihm zehn lange Jahre in ein und derselben Klasse bleiben zu dürfen. Das hat mächtig dazu beigetragen, dass ich so ein lebensfroher Mensch geworden bin. Nur unsere Klassenlehrer wechselten aller paar Jahre. Und als wir in die fünfte Klasse kamen, veränderte sich auch das Ziel unseres täglichen Schulbesuchs, denn nun begann unser gemeinsamer Lebensabschnitt in der Mittelschule. Diese war aber von unserer Wohnung aus genauso weit entfernt wie die Grundschule, sodass sich für meine Mutter in gewissen Notlagen nichts Grundlegendes veränderte.
In dieser Mittelschule hatten wir aber keine eigenen Klassenzimmer mehr, denn in ihr gab es sogenannte Kabinette, eins für Geschichte, eins für Physik usw. Statt unserer Selbstbildnisse hingen hier Landkarten und dergleichen Dinge an den Wänden. Aber die Menge der Klassenräume war trotzdem überschaubar und man brauchte nicht - wie heute in diesen Wolkenkratzerschulen - stundenlang herumzuirren, um vom Klo wieder zu seiner Klasse zu finden, weil diese inzwischen in einem anderen Zimmer Unterricht hat.
In dieser Schule gab es nun etwas Besonderes, nämlich eine Schulspeisungsküche und einen großen Speisesaal. Und es gab die dafür notwendigen Küchenfrauen. Sie kochten das Essen für die Schüler, die nicht - wie ich - zu Hause, sondern in der Schule zu Mittag aßen. Auch die Schüler der einen nahe gelegenen Grundschule erhielten ihr Mittagessen ebenfalls in unserem Speisesaal. Nepomuk gehörte zu denen, die auch mit in der Schule aßen, weil seine Mutter arbeiten ging.

Bevor wir unsere ganz besondere Erfahrung mit der Schulspeisung machen durften, konnte ich auf einen sensationellen Erfolg zurückblicken. Mir war es gelungen, zwei Menschen gleichzeitig glücklich zu machen. Damals ging, wie bereits aus meinen Ausführungen ersichtlich wurde, in der Schule alles sehr geordnet zu. Demzufolge gab es auch eine festgelegte Frühstückspause, in der wir alle brav unsere Brotbüchsen aus unseren Ranzen holten. Nepomuk hatte seine Schnitten jeden Tag in Windeseile verspeist, während ich noch immer vor meinem eigenen Schnitten-Berg saß. Meine Mutter übertrieb es damit ein bisschen. Sie wollte unbedingt, dass ich dicker werden sollte. Aber zum Glück sah mein Freund Nepomuk, wie ich mich quälte, und bekam Mitleid mit mir. Eines Tages sagte er zu mir: „Felix, ich glaube, hier muss unbedingt gehandelt werden. Soll ich für dich ein paar Schnitten essen?"

Dieses Angebot nahm ich natürlich sofort sehr dankbar an. So half mir Nepomuk von da an, mein Brotbüchsensoll zur großen Freude meiner Mutter zu erfüllen. Und ich glaube, auch Nepomuk war stets sehr zufrieden mit seinen guten Taten.

Wenn wir aus der Schule heimkehrten, machte Nepomuk sehr gern „eine kleine Rast" bei uns, wie er es nannte. (Ihr wisst ja, was für einen „weiten" Heimweg wir hatten.) Und da ich nicht mit in der Schulspeisung abgefüttert wurde, sondern meine Mutter mit einem liebevoll bereiteten Mittagsmahl auf uns Kinder wartete, bot es sich an, dass auch Nepomuk eine Portion erhielt. Da meine Mutter sowieso immer viel zu viel kochte, war es uns allen recht, wenn Nepomuk bei uns noch einmal Mittag aß. Manchmal fragte ich mich, wohin mein Freund diese Berge von Essen verschwinden ließ, denn er war weder größer noch dicker als ich.

Erst als wir im Biologieunterricht von Band- und ähnlichen Würmern hörten, ging mir ein Licht auf und ich gab Nepomuk mit großer Anteilnahme von meinen Broten ab. Ich hoffte, dass seine Würmer so viel nun auch wieder nicht schaffen konnten und für meinen Freund noch etwas übrig blieb. Dass von der Schulspeisung keiner satt werden konnte, war mir aufgrund von Nepomuks Klagen längst klar. Besonders verärgert war er darüber, dass es nie Kompott gab. So erteilte ich ihm den Rat, die Küchenfrauen doch mal darum zu bitten. Er tat es natürlich sofort und erhielt die Auskunft, dass er sich ja

gern darum kümmern könnte. Das ließ sich mein Freund nicht zweimal sagen und er verkündete mir: „Hier muss sofort gehandelt werden!"
Noch am gleichen Tag startete er eine Kompott-Herbeischaffungs-Kampagne. Höchstpersönlich begleitete er seine Klassenkameraden nach der Schule nach Hause und bat deren Eltern und Großeltern um Kompottspenden für die Schulspeisung. Manchmal zog er für diese Einsätze sogar seine Pionierkleidung an, sodass er noch überzeugender wirkte, und besuchte gegen Abend all die Eltern, die er nach der Schule noch nicht angetroffen hatte. Mit diesem Auftrag war Nepomuk mehrere Tage lang schwer beschäftigt.
Und tatsächlich machten sich einige rührende Großmütter auf und brachten eine stattliche Anzahl von Eingewecktem in die Schule geschleppt. Nepomuk überwachte das Geschehen wie ein Detektiv, es entging ihm keine Lieferung. Irgendwie schaffte er es auch fast jedes Mal, die netten Omis dazu zu bewegen, ihm zu zeigen, was für Köstlichkeiten sie in ihren Einweckgläsern zur Schulküche trugen.
Und bald gab es in der Schulspeisung wirklich das erste Kompott: Apfelmus. Nepomuk strahlte, als er mir davon berichtete. Denn das war ja sein Werk!
Am nächsten Tag gab es wieder Kompott: Kürbis. Nepomuk strahlte nicht mehr ganz so sehr, aber dann stellte er sachlich fest: „Muss ja auch weg, je eher, desto besser."
Dann kam das Wochenende, sodass das Kompott warten musste. Am Montag durften wir endlich wieder in die Schule gehen. Und obwohl ich selbst ja gar nicht an der Schulspeisung teilnahm, wie ihr ja bereits wisst, und das Essen im Allgemeinen nicht zu meinen Lieblingsbeschäftigungen gehörte, hatte Nepomuk mich in seiner Begeisterung für das von ihm organisierte Kompott derartig angesteckt, dass ich mit ihm mitfieberte, was es denn heute für Kompott geben würde. Und es gab welches, nämlich Apfelmus! Nepomuk war enttäuscht, aber dann gab er mir doch eine vernünftige Erklärung: „Die Küchenfrauen wissen wahrscheinlich auch, denn sie sind ja gelernte Küchenfrauen, dass Apfelmus nicht so wertvoll ist wie Aprikosen und Sauerkirschen. Und sie wollen bestimmt, dass wir das Beste zuletzt bekommen sollen. Ja, das ist wirklich richtig."
Das leuchtete auch mir ein, denn mein Vater hob sich zu Hause beim Essen auch immer das Beste für zuletzt auf, das sagte er jedenfalls oft. Mit Span-

nung erwarteten wir den nächsten Tag. Und siehe da, es gab Kürbiskompott. Noch blieb Nepomuk gelassen, doch als es am folgenden Tag gar kein Kompott gab und während der ganzen Woche nur noch einmal Apfelmus, fiel Nepomuk in eine dumpfe Schwermut. Mit nichts konnte ich ihn aufheitern. Ich nahm ihn mit zu uns nach Hause in unseren Keller und ließ ihn verschiedene Kompotte aussuchen, sogar Sauerkirschen. All das verspeiste er mit großem Appetit, sodass in mir ein kleiner Hoffnungsstrahl aufleuchtete, ihn von seinem Kummer ablenken zu können.

Aber nicht einmal Mutters leckeres Kompott verhalf ihm zu besserer Laune. So blieb mir nur die Hoffnung, dass in der nächsten Woche in der Schulspeisung endlich Sauerkirschen aufgetischt würden. Jedoch nichts dergleichen geschah. Es blieb finster am Kompott-Himmel. Nicht einmal Kürbis oder Apfelmus prangten auf den Tischen des Speisesaales. Nepomuk saß neben mir in der Schulbank und schien von seiner Umwelt nichts mehr wahrzunehmen.

Am folgenden Morgen kam die Wende. Schon vor Schulbeginn stand er vor unserer Haustür und verkündete: „Felix, hier muss unbedingt gehandelt werden!"

Was sich hinter diesen feierlichen Worten verbarg, entzog sich meinen Vorstellungen, aber es war offensichtlich, dass Nepomuk bereits Vorbereitungen getroffen hatte.

„Heute Abend um zehn musst du bereit sein. Dann hole ich dich ab", befahl er mir.

Ich war derartig glücklich über seinen Stimmungswandel, dass ich sofort in seinen Vorschlag einwilligte. Erst am Abend machte ich mir darüber Gedanken, wie ich unbehelligt um 22 Uhr noch einmal unser Haus verlassen und danach wieder hineinkommen könnte. Aber der Zufall kam mir zu Hilfe. Meine Eltern waren beide in der Kirche zu einem Gemeindeabend, sodass ich mit einem Haustürschlüssel ausgerüstet kurz vor zehn unser Haus verließ. Auch keiner meiner kleinen Brüder hatte es bemerkt. Sie schliefen süß und selig in ihren Betten. Ich wartete hinter unserem Schuppen, bis ich meinen Freund kommen sah. Ohne etwas zu fragen, ging ich ihm entgegen und folgte ihm, bis ich feststellte, dass sein Weg zur Schule führte.

Unsere Schule hatte zwei Eingangstüren, eine große Haupt-Tür zur Straße hin und eine kleinere Hintertür in den Schulhof. Wir kletterten über den Zaun zum Schulhof. Alles war dunkel, denn in unserem Land wurde klugerweise immer sehr gespart. Dann gingen wir zur Hintertür. Noch ehe ich mir Gedanken machen konnte, was wir um diese Uhrzeit vor einer verschlossenen Schul-Tür vorhatten, holte Nepomuk etwas aus der Tasche.

„Das habe ich im Werkzeugkasten von meinem Opa gefunden. Du wirst sehen, es funktioniert."

„Was ist das?", fragte ich.

„Ein Dietrich", antwortete Nepomuk.

Ich hatte bisher immer geglaubt, Dietrich sei der Sohn von der Tante meiner Mutter. Aber dann sah ich, wie Nepomuk mit diesem Ding im Schloss der Tür herumstocherte, bis es nach einigen Minuten endlich im Schloss knirschte. Und dann geschah das Unglaubliche: Nepomuk drückte die Türklinke herunter und die Tür ließ sich tatsächlich öffnen. Ganz leise betraten wir das Schulhaus. In ihm war es stockdunkel.

„Kein Licht anmachen!", sagte mein Freund.

Und obwohl mir bisher noch nicht der Gedanke gekommen war, dass wir irgendetwas Unrechtes tun könnten, wurde mir klar, dass das Lichtanknipsen eine große Dummheit gewesen wäre, denn eigentlich müssten wir ja jetzt in unseren Betten liegen und schlafen.

Noch immer wusste ich nicht, was Nepomuk eigentlich in der Nacht im Schulhaus suchte. Als er mir voran den Weg zur Kellertreppe tapste, dämmerte es mir. Dort unten befand sich die Schulküche. Und bei der Schulküche gibt es sicher auch Vorratskammern. Und in diesen musste Nepomuks Kompott stehen.

Endlich waren wir unten angekommen und fanden nach langem Tasten die Küchentür. Und zu unserem Erstaunen brauchten wir gar nicht Nepomuks Zaubergerät, denn die Tür war nicht verschlossen. Wir traten ein. Plötzlich stieß mein Freund einen kurzen Verzweiflungsschrei aus. Ich begann, vor Angst zu zittern.

„Was ist passiert?", fragte ich.

„Ich Rindvieh hab' die Taschenlampe vergessen!"

Ja, das war wirklich dumm bei so einem wichtigen Vorhaben. So tasteten wir noch ein bisschen herum, konnten aber in dieser Finsternis nichts finden.

Unverrichteter Dinge mussten wir wieder umkehren und uns nach Hause begeben. Und da Nepomuk schon damals ein Mann der Tat war, teilte er mir zuversichtlich mit, dass wir uns morgen um die gleiche Zeit treffen, aber diesmal mit einer Taschenlampe. Unbemerkt konnte ich in unser Haus und mein Bett schlüpfen und schlief sofort ein.

Am nächsten Tag verlor Nepomuk kein Wort über unser nächtliches Unternehmen, sodass ich schon fast dachte, dass ich alles nur geträumt hätte. Als es in der Schulspeisung wieder kein Kompott gab, erfüllte ihn das jedoch nicht wie bisher mit Groll, sondern mit großer Genugtuung.

Am Abend trafen wir uns wieder wie vereinbart. Und in dieser Nacht lief alles wie am Schnürchen. Wir fanden neben der Kochküche einen Vorratsraum, in dem viele Regale standen. Und diese waren unter anderem auch mit Gläsern voller Kompott gefüllt: Mit Birnen, Äpfeln, Aprikosen, Pfirsichen, Pflaumen, Süßkirschen und den so heiß begehrten Sauerkirschen. Nepomuk jauchzte vor Begeisterung und stürzte zu dem Regal. Er drückte mir ein Glas mit Aprikosen und eines mit Süßkirschen in die Hand und ergriff selbst zwei Gläser mit Sauerkirschen. Das war klar.

„Willst du nicht noch mehr mitnehmen?", fragte ich.

Aber er wies mich zurecht, dass man nicht so dumm sein dürfe. Dann stellte er seine Gläser noch einmal auf dem Fußboden ab und schob die Gläser in den Regalen etwas auseinander, sodass es gar nicht auffiel, dass wir vier von ihnen entwendet hatten.

„Wir kommen bald wieder", sagte Nepomuk, dann verließen wir mit unserer Beute die Schule.

Als wir in der Nähe unseres Hauses ankamen, begann endlich auch ich bei unserer Aktion etwas mitzudenken und schlug vor, nächstes Mal einen kleinen Rucksack mitzunehmen, damit, falls uns jemand sieht, nicht erkannt wird, was wir trugen. Und dann versteckten wir unsere Gläser auf dem Heuboden. Auch dieses Mal kam ich problemlos in mein Bett. In den nächsten Tagen verzichtete Nepomuk mit dem größten Vergnügen auf das in der Schulspeisung nicht angebotene Kompott. Jeden Nachmittag trafen wir uns heimlich auf unserem Heuboden und aßen miteinander ein Glas Kompott leer, wobei natürlich gerechterweise der allergrößte Teil an Nepomuk ging. Mir genügte es voll und ganz, meinen Freund wieder bei guter Laune zu sehen.

Nachdem wir nach einigen Tagen alle Kompottgläser leer gegessen und unser Schlafdefizit nachgeholt hatten, schmiedeten wir neue Pläne für die kommende Nacht. Ich war für den Rucksack verantwortlich. Da meine Eltern abends sehr oft in der Gemeinde beschäftigt waren oder meine Mutter so müde war, dass sie um 22 Uhr bereits fest schlief, konnte ich mich erneut unbemerkt aus dem Haus schleichen. Unser Treffpunkt war wieder hinter dem Schuppen, in dem sich im Obergeschoss der Heuboden befand.

Nepomuks Dietrich gewöhnte sich immer besser an das Schul-Türen-Schloss und bald standen wir in der Schulküche. Doch dann geschah etwas Schreckliches, was alles Nachfolgende dieser Geschichte übertraf. Als wir vor den Regalen standen, stieß Nepomuk einen durchdringenden Schrei der Verzweiflung aus, wie ich ihn in meinem ganzen weiteren Leben nie wieder hörte. Und der Grund für seine Verzweiflung war: Die Fächer der Regale, in denen die Kompottgläser gestanden hatten, waren leer. Fast leer. Nur noch drei Kürbisgläser standen darin.

Gerade in dem Moment, als ich die alles entscheidende Frage stellen wollte - Wer war das? - hörten wir hinter uns Schritte. Blitzschnell drehten wir uns um. Vor uns stand der Hausmeister. Dieser Hausmeister wohnte mit seiner Familie in der Mansardenwohnung der nahe gelegenen Grundschule. Er war für die Ordnung in beiden Schulen verantwortlich. Und wenn irgendetwas kaputt war, musste er es reparieren. Bis heute wissen wir nicht, wie der Hausmeister bemerkt hatte, dass wir uns in dem anderen Schulgebäude, in dem er gar nicht wohnte, befanden. Hatte er zu solch später Stunde noch etwas zu reparieren? Oder wollte auch er sich, nichts ahnend von der Katastrophe, ein paar Gläser Kompott holen?

Als wir ihn erblickten, waren wir seltsamerweise gar nicht sehr erschrocken, denn unser Schreck über die verschwundenen Kompottgläser stellte alle anderen Gefühle in den Schatten. Und noch ehe der Hausmeister uns etwas fragen konnte, überfielen wir ihn mit unserer Verzweiflung.

„Wer hat die ganzen Kompottgläser gestohlen? Vor Kurzem waren die Regale noch rammelvoll!"

Doch wir erhielten keine Antwort auf die uns quälenden Fragen. Stattdessen packte uns der Hausmeister am Kragen und setzte uns einfach vor die Tür. Schweigend und deprimiert trotteten wir nach Hause.

Obwohl der Hausmeister uns gar nicht nach unseren Namen gefragt hatte, wurden wir am nächsten Morgen zum Direktor bestellt, der uns eine lange Rede hielt, an deren Inhalt ich mich jedoch nicht mehr erinnern kann. Dann erhielten wir vor der Klasse einen Tadel. Und noch am gleichen Tag wurden unsere Eltern zu einem Gespräch in die Schule geladen. Als meine Eltern zurückkehrten, hockten Nepomuk und ich geknickt in unserer Küche. Meine Eltern nahmen uns mit in die Wohnstube und appellierten an unser Gewissen. Da mein Vater Pfarrer war, fügte er am Schluss noch hinzu, dass Diebe nicht in den Himmel kämen.

Wir hatten die ganze Zeit schweigend zugehört. Das war sicher das Beste. Als wir schließlich entlassen wurden, bemerkte Nepomuk mir gegenüber mitfühlend: „Die armen Himmelsbürger werden nun hungern müssen, weil sie keine Küchenfrauen haben!"

WIE WIR EINEM RÄUBER DAS MAUSEN VERMIESTEN

Das Pfarrhaus, in dem wir wohnten, war sehr alt. Es sah auch so aus. Jedenfalls konnte man es weder von innen noch von außen als hübsch oder adrett bezeichnen. Es hatte dafür aber den außerordentlichen Vorzug, unter Denkmalschutz zu stehen. Und das Wissen darum ließ uns mit Würde und Gelassenheit so manche Unannehmlichkeit ertragen. Die Wände waren so schief, dass die Schränke gar nicht recht zu wissen schienen, wo sie sich anlehnen sollten. Die Mauern des Hauses waren aus großen Bruchsteinen errichtet worden, sodass es uns nur in den seltensten Fällen gelang, einen Nagel in die Wand zu schlagen, um mit einem Bild das Innere etwas zu verschönen. Vier Zimmer unserer Wohnung konnten gar nicht beheizt werden, weil in ihnen kein Ofen stand. Wenn wir im Winter zu Bett gingen, wurden wir so warm angezogen, als ob wir eine Wanderung durch den Winterwald vorhatten. Mit einer Wärmflasche hatte unsere Mutter die Betten schon etwas angewärmt. Nach dem Haarewaschen band sie uns sogar ein Kopftuch um.

Aber was ertrug man nicht alles, nur um in einem denkmalgeschützten Haus wohnen zu dürfen? In einigen Räumen gediehen an den Wänden Schimmelpilze so prächtig wie die Mäuse, die in unserem Gebälk tobten und tanzten.

Wenn wir abends in den Betten lagen, hörten wir sie immer besonders gut. Und wir, Clemens und ich, stellten uns dann manchmal vor, welches Fest sie gerade feierten.

Und eines Tages sprudelte aus dem Fußboden unseres Kellers plötzlich eine Quelle hervor, sodass unsere eingelagerten Kartoffeln samt den Gläsern mit dem Eingeweckten gleich mal gründlich gewaschen wurden.

Auf dem Pfarrhof gab es außer unserem Haus noch einen alten Schuppen und eine noch ältere Scheune, in der alles abgestellt wurde, was irgendjemand irgendwann eventuell noch einmal gebrauchen könnte, was dann aber im Laufe der Jahre dem Bewusstsein und Gedächtnis des Besitzers entschwand, jedoch nicht aus unserer Scheune. So wurde diese mit immer mehr Kram gefüllt und stellte für uns ein verlockendes Stöber- und Spiel-Areal dar.

Außerhalb des Hofes, nämlich am Ende der Wiese, befand sich unweit des Tores zum Friedhof noch der kleine Holzschuppen, der in der folgenden Geschichte eine bedeutende Rolle spielen wird.

Alle diese Gebäude waren von einer großen Wiese umgeben, auf der sich eine kleine Feuerstelle befand, sowie von vielen Bäumen und zwei Gärten, die meine Mutter für den Gemüse- und Blumenanbau bewirtschaftete. Und das gesamte Anwesen wurde von einer mehr oder weniger lückenreichen, 1,50 Meter hohen Mauer umschlossen. Linkerhand grenzte diese an den Friedhof, auf der anderen Seite an zwei benachbarte Grundstücke.

Auf dem kleineren an unsere Wiese grenzenden Grundstück stand ein sehr großes, noch älter als das unsrige, aussehendes Haus. In ihm wäre Platz für mindestens drei Familien unserer Personenanzahl gewesen. Aber es lebte nur ein einziger Mensch darin. Vielleicht lag das auch daran, dass an vielen Stellen des Daches die Dachziegel fehlten.

Die Person, die in diesem Haus wohnte, war ein Mann, der weder besonders alt noch besonders jung war. Er war - wie man so sagt - in seinen besten Mannesjahren. Er sah auch nicht krank oder gebrechlich aus, aber ihn umgab eine geheimnisvolle, dunkle Wolke. Obwohl er so nahe bei uns wohnte, bekamen wir ihn fast nie zu Gesicht. Und wenn er doch mal mit seinem Fahrrad durch unser Gelände fuhr, um vielleicht beim Bäcker Brötchen zu holen, tat er dies in größter Eile und schaute weder nach rechts noch nach links. Und wir konnten es uns sparen, ihm guten Tag zu wünschen, weil er nicht darauf achtete und nicht einmal mit einem Nicken oder Brummen darauf reagierte. Ich weiß heute beim besten Willen nicht mehr, warum unser Nachbar einen so seltsamen Spitznamen von uns erhalten hatte, und ich weiß auch nicht mehr, wer ihn so genannt hatte. Nepomuk war es jedenfalls nicht gewesen, denn schon, bevor ich zur Schule ging, wurde unser Nachbar, wenn von ihm die Rede war, mit größter Selbstverständlichkeit von uns allen „Schneewittchen" genannt. Für mich war dies ganz normal und ich stellte mir nie die Frage, warum man einen Mann Schneewittchen nannte, der eigentlich nicht im Entferntesten eine Ähnlichkeit mit einem so zarten und schönen Wesen hatte, das man sich bei der Erwähnung dieses Namens vorstellte. Und ich glaube, allen anderen ging es auch so, auch Nepomuk.

Eines Tages, als wir alle draußen auf unserer Wiese spielten, stellte Nepomuk plötzlich fest: „Der Schneewittchen stapelt jeden Tag sein Holz." Da die Mauer zu Schneewittchens Garten hauptsächlich aus Lücken bestand, konnten wir immer ganz genau sehen, was er auf seiner Wiese machte, falls er sich ausnahmsweise Mal dort aufhielt. Aber im Sommer ließ er das Gras so hoch wachsen, dass man fast so wenig sah, als ob eine dicke Mauer dazwischen gewesen wäre. Mir war Nepomuks Feststellung eigentlich ziemlich gleichgültig, aber mein Freund wies mich tagelang immer wieder auf Schneewittchens Fleiß beim Holzstapeln hin, bis er dann plötzlich mit ernster Miene verkündete: „Felix, hier muss unverzüglich gehandelt werden!"

Auch wenn ich, wie schon zu früheren Anlässen, keine Ahnung davon hatte, wogegen oder wofür Nepomuk handeln wollte, so wurde mir aus Erfahrung sofort klar, dass irgendein wichtiger Noteinsatz oder die Bekämpfung eines Verbrechens unseren ganzen Einsatz forderte. Aufmerksam wandte ich mich meinem Freund zu und dieser erteilte mir seine knappen Anweisungen.

„Heute Abend, wenn es dunkel geworden ist, komme ich zu dir. Clemens soll auch mitkommen. Haltet euch bereit!"

So schlichen Clemens und ich am Abend noch einmal aus unseren Betten und aus dem Haus. Nepomuk trat sogleich aus dem Schatten und winkte uns, ihm zu folgen. Wohin, wollt ihr nun sicher wissen - zu unserem Holzschuppen! Gleich daneben stand die Hecke zu Mutters Gemüsegarten, hinter der wir uns versteckten und eng aneinandergedrückt hinhockten. Ich lauschte dem Zirpen der Grillen und einem Käuzchen, das in der Ferne rief. Die Fle-

dermäuse zogen ihre Kreise und ich spürte, dass Clemens mächtig fror. Ich fand es sehr aufregend, hier in der Dunkelheit zu warten, auch wenn ich nicht wusste, worauf.

„Siehst du, ich hab's ja gewusst, dort kommt er!", flüsterte plötzlich Nepomuk.

Und dann sah auch ich eine Gestalt in unsere Richtung kommen. In jeder Hand trug sie einen großen Korb.

„Wieso kommt der zu uns? Los, wir müssen weglaufen!", sagte Clemens ängstlich.

„Pst!", flüsterte Nepomuk, „der kommt doch nicht zu uns!"

Und dann war er ganz nah, ging zu unserem Holzschuppen, schob leise den Riegel an dessen Tür zurück, öffnete diese und lud so vorsichtig, dass man es kaum hörte, seine Körbe voll mit unserem Holz. Mit UNSEREM Holz! Ich hörte, wie Clemens' Herz neben mir ganz laut und schnell pochte. Oder war es das Meinige? Dann entfernten sich die Schritte und wir sahen den Dieb über die Wiese entschwinden.

„Wer war das?", fragte ich Nepomuk, obwohl ich inzwischen genau wusste, wer diese Person war.

„Natürlich Schneewittchen! Wo sind eure Holzkörbe?"

„Was willst du machen?", fragte ich.

„Na, das geklaute Holz zurückholen. Das ist Erziehungsarbeit!", schnaufte Nepomuk.

Doch bevor er losstürzen konnte, gelang es mir, ihn am Arm festzuhalten, denn jetzt war auch ich Feuer und Flamme, dass dieses schwere Vergehen gesühnt werden musste. Unser Holz zu klauen aus unserem Kirchenwald, das wir im Winter für unsere Öfen brauchen und im Sommer für unser Lagerfeuer! Was für eine Unverschämtheit! Nun begann auch mein Gehirn zu arbeiten.

„Warte noch, vielleicht kommt er noch einmal!", warnte ich Nepomuk.

Und das leuchtete ihm sofort ein. So warteten wir noch ein Weilchen und tatsächlich, schon bald kam Schneewittchen erneut mit seinen Körben, um sie ein weiteres Mal mit unserem kostbaren Holz zu füllen. Ich war zutiefst empört und fragte mich nur, wie Nepomuk das geahnt hatte. Ein drittes Mal kam Schneewittchen nicht. Und nachdem wir ungefähr eine halbe Stunde vergeblich gewartet hatten, schlichen wir uns zu Schneewittchens Holzschuppen. Dieser hatte nur drei Seitenwände aus Brettern und eine Überdachung. Vorn war er offen und man konnte sehen, dass er schon fast völlig mit fein gestapeltem Holz gefüllt war. Vor ihm standen Schneewittchens Körbe voller Holz - unserem Holz! Zu dritt schleppten wir diese zurück zu unserem Holzschuppen und versuchten, so leise wie möglich, das Holz wieder an seinem ursprünglichen Ort zu lagern. Dann holten wir natürlich noch eine Ladung, das war klar.

Ihr könnt euch denken, dass es für uns Ehrensache war, die darauf folgenden Abende wieder hinter unserer Hecke Wache zu schieben. Aber so inbrünstig wir auch warteten, Schneewittchen erschien weder mit noch ohne Holzkörbe. Nachdem wir drei Abende vergeblich gewartet hatten, dachte ich, dass unsere Erziehungsarbeit bereits gefruchtet hätte. Aber Nepomuk war sich unseres Erfolges noch nicht ganz sicher. Und obwohl ich die Angelegenheit allmählich langweilig fand, bestand er darauf, dass wir auch am nächsten Abend wieder zur Stelle sein sollten. Und dieses Mal hatten wir Glück. Nach einer Stunde Wartezeit sahen wir, wie zwei Holzkörbe an Schneewittchens Armen langsam und vorsichtig über unsere Wiese schwebten. Noch leiser als beim letzten Mal wurde das Diebesgut entwendet und in den feindlichen Holzschuppen umgelagert. Und wieder wurde eine zweite Fuhre geholt. Wir warteten noch ein bisschen und schlichen dann im Schatten unserer Bäume zum Nachbargrundstück. Wir sahen gerade noch, wie Schneewittchen in seinem Haus verschwand.

Blitzschnell sausten wir zu seinem Holzschuppen. Leider hatte Schneewittchen beide Körbe schon geleert. Aber flink füllten wir sie und fügten das Holz wieder zum eigenen Vorrat. Nachdem wir die zwei in dieser Nacht gestohlenen Fuhren zurückerobert hatten, wollte ich mit Clemens ins Bett gehen, doch Nepomuk hielt uns fest.

„Felix, Strafe muss sein!", sagte er.

Und dann schleppten wir aus Schneewittchens Holzschuppen fast alles Holz in den unsrigen, nur eine kleine Schicht ließen wir ihm, obwohl ich fest davon überzeugt war, dass auch diese Schicht eigentlich in unseren Holzschuppen gehörte. Auf diese Gnadenschicht stellten wir zuletzt fein säuberlich Schneewittchens Holz-Körbe. Es war ja jetzt genug Platz für sie vorhanden.

Dann holte Nepomuk einen zerknitterten Zettel aus der Tasche und legte ihn in einen der Körbe. Weil es so dunkel war, konnte ich aber leider nicht lesen, was darauf stand.
Nach getaner Arbeit kehrten wir stolz und müde heim. Als Nepomuk in sein Bett kriechen konnte, schlief ich bereits selig, denn ich hatte nicht so einen weiten Heimweg wie er.
Wir hockten in der folgenden Zeit noch so manchen Abend auf unserem Wachtposten, aber nie wieder holte Schneewittchen Holz von uns. Eines Tages sahen wir ihn mit einem großen Leiterwagen und einer Säge losziehen. Meinetwegen konnte er sich sein Holz sogar aus unserem Kirchenwald holen, Hauptsache nicht aus unserem Holzschuppen! Und dann fiel mir plötzlich der zerknitterte Zettel ein, den Nepomuk in einen der Körbe gelegt hatte, und ich fragte ihn, was da wohl draufstand.
„Du sollst nicht stehlen! Das sagt Gott!", antwortete er in feierlichem Ton.
Ja, wir hatten wirklich gute Erziehungsarbeit geleistet!

WIE WIR MEINEN VATER BEI SEINER SEELSORGERLICHEN TÄTIGKEIT UNTERSTÜTZTEN

Wie ich euch kenne, habt ihr inzwischen längst herausgefunden, dass mein Vater als Pfarrer arbeitete. Und viele Leute dachten auch schon damals, dass einer, der von Beruf Pfarrer ist, so etwas Ähnliches ist wie der liebe Gott. Er sollte also immer in der Lage sein, alle Probleme der Menschen lösen zu können, gerade so, als wäre er eben nicht nur der Angestellte Gottes, sondern Gott höchstpersönlich. Zum Glück kam es tatsächlich ab und zu vor, dass einer, der traurig unser Haus betreten hatte, es wieder mit dem Gefühl verließ, Trost oder Hilfe gefunden zu haben. Aber ihr wisst ja, mit den Gefühlen ist es so eine Sache.
Als Junge wunderte ich mich trotzdem manchmal, dass manche Leute immer und immer wieder zu meinem Vater kamen. Einerseits bedauerte ich diese Leute, da ihre Probleme anscheinend überhaupt kein Ende zu nehmen schienen. Andererseits bewunderte ich ihre Ausdauer. Erst jetzt, in meinem etwas

reiferen Alter, ahne ich ein wenig den Inhalt ihrer Probleme. Mein Freund Nepomuk jedoch verfügte bereits in jungen Jahren über einen erstaunlichen Weit- und Tiefblick. Doch nun hört, was sich zugetragen hatte.
Einer von denen, die regelmäßig meinen Vater aufsuchten, hieß Paule. Er erschien dermaßen regelmäßig, dass wir unsere Uhren nach seiner Ankunft stellen konnten. Jeden Tag um viertel vier (manche Leute nennen diese Uhrzeit Viertel nach drei) fuhr er mit seinem Fahrrad in unserem Hof ein. Außer sonntags, weil das der heilige Ruhetag ist. Nachdem er sein Rad abgestellt hatte, drückte er auf den Klingelknopf und bat um Einlass, der ihm stets gewährt wurde. Meist empfing ihn meine Mutter, die ihn dann ins Arbeitszimmer meines Vaters führte, zu dem ich keinen Zutritt hatte, wenn seelsorgerliche Gespräche stattfanden. Deshalb entzieht sich meiner Kenntnis, welche Art von Problemen mein armer überlasteter Vater dort mit Paule zu lösen bemüht war.
Sobald mein Vater dann am späten Nachmittag oder Abend in einer Gemeindeveranstaltung zu unterrichten - etwas vornehmer ausgedrückt - zu lehren hatte, wechselte Paule seinen Sitz innerhalb unserer Wohnung und erschien in der Küche bei meiner Mutter, wo auch wir Kinder, wenn wir uns ebenfalls dort einfanden, zu hören bekamen, was Paule beschäftigte.
Eines seiner Probleme bestand in der schweren Pflicht, irgendwelchen mehr oder weniger berühmten Leuten Besuche abstatten zu müssen, weil diese so sehnlich auf sein Kommen warten würden. Und damit war er verständlicherweise äußerst überanstrengt. Und ein weiteres großes Problem war die Folge dieser Pflicht: Er litt unter ständigem Zeitmangel. Und dann hatte er noch eine große Problemgruppe: Das waren seine vielen Krankheiten und Schmerzen, die es ihm fast unmöglich machten, weiterhin Fahrrad fahren zu können. Vor ihm türmte sich also ein schier unüberwindlicher Problemberg auf.
Und ich wunderte mich jedes Mal, dass meine Mutter während seiner Ausführungen nicht in lautes Schluchzen des Mitleids ausbrach. Denn sonst hatte sie bei jedem Kinderlied oder Märchen, in dem irgendein wildes Tier ein Kind verschlingt oder andere schreckliche Dinge geschehen, mit den Tränen zu kämpfen. Am schlimmsten war das immer bei dem Lied „Es waren zwei Königskinder". Da weinte sie jedes Mal so sehr, dass sie nicht weiter singen

konnte. Deshalb hörten wir dieses Lied ganz besonders gern.
Doch nun zurück zu Paule. Ihr dürft euch Paule nämlich keinesfalls als altes oder kleines oder dünnes Kerlchen vorstellen. Nein, er hatte eine große, kräftige Statur und durchlebte, wie man so sagt, genauso wie Schneewittchen seine besten Mannesjahre. Paule war also der beste Beweis dafür, wie der Schein trügen kann.
Eines schönen Nachmittags saß neben Paule auch wieder einmal mein Freund Nepomuk mit in unserer Küche. Wir verspeisten alle miteinander Mutters frischgebackenen Apfelstrudel. Und Nepomuk durfte sich mit uns Paules Leidenskatalog anhören. Paule und Nepomuk kannten sich schon seit Längerem, denn sie waren sich bereits des Öfteren in unserer Küche begegnet. Doch erst an diesem Nachmittag wurde Nepomuk erleuchtet. Und ich sah an seinem entschlossenen Gesichtsausdruck, dass er wohl gerade in seinem Kopf ein Hilfsprogramm für Paule entwickelte. Deshalb überraschte es mich nicht, dass er mich nach Beendigung des Mahles sofort in den Garten zerrte, sich mit mir unter den Apfelbaum setzte und verkündete: „Felix, hier muss unbedingt gehandelt werden!"
Auf welche Weise mein Freund diesen Vorsatz nun in die Praxis umsetzen wollte, verbarg sich für mich jedoch noch im Dunkeln. Aber ich war mir, wie immer, gewiss, dass der Tag des Handelns kommen würde. Und er kam bald, nämlich am folgenden Nachmittag. Meine Brüder und ich mussten vor Nepomuk aufmarschieren und auf seine Anordnungen lauschen. Michel wurde beauftragt, meine Mutter in den Garten zu locken. Dort sollte er sie mit einer glücklichen, im Kompost lebenden Regenwurmfamilie bekannt machen. Diesen Auftrag konnte er trotz seines zarten Alters bewältigen, da in unserem Komposthaufen eine enorme Bevölkerungsdichte dieser Tiergattung vorhanden war.
Inzwischen sausten Nepomuk und ich in die Küche und stellten einen Stuhl auf unseren Küchentisch. Dann steckte er zwischen zwei Teile unserer Klingel eine kleine Papierwurst. Sicher hatte er solche komplizierten Elektroarbeiten bei seinem Vater gelernt, der von Beruf Elektriker war. Da meine Mutter ihren Besuch bei Familie Regenwurm sicher nicht unnötig in die Länge ziehen würde, sausten wir nach diesem Eingriff in die Klingelanlage schnell zurück in den Hof.

Als Nächstes mussten sich Clemens und ich auf die Lauer legen, um sofort Paules Erscheinen kundzutun. Meiner Ansicht nach war dieser Auftrag überflüssig. Ein Blick auf die Kirchturmuhr hätte genügt. Aber man konnte ja nie genau wissen, ob die Kirchturmuhr richtig ging. Außerdem gab es unter Nepomuks Leitung stets einen ganz präzisen Handlungsplan, der auf jeden Fall einzuhalten war.

Zuvor sollte ich jedoch noch mein Fahrrad aus dem Schuppen holen. Schon lange hatte ich es nicht mehr benutzen können, weil im Reifen ein Loch und die Kette gerissen waren. Dieser traurige Zustand meines Fahrrades war auch Nepomuk nicht entgangen. Denn mancher unserer weiter entfernten Hilfseinsätze musste aufgrund der Fahruntüchtigkeit meines Fahrrades ausfallen. Da mein Vater stets mit dem Lösen von Problemen anderer Leute beschäftigt war, fand er keine Zeit, um mir bei der Reparatur zu helfen. Das war zwar sehr bedauerlich, aber ich sah ein, dass all diese seelsorgerlichen Probleme, nicht zuletzt die von Paule, wichtiger waren als mein Fahrrad.

Dann warteten wir. Pünktlich und in Übereinstimmung mit unserer Kirchturmuhr erklang unser Ruf: „Er kommt!"

Wir postierten uns nahe unserer Haustür. Paule stellte sein Rad ab, stieg die kleine Haustreppe empor und drückte auf den Klingelknopf. Doch nichts geschah. Er probierte es ein zweites Mal. Schweigen.

„Ist dein Vater da?", wandte sich Paule mit der Frage an mich.

„Wenn Sie geklingelt haben und keiner kommt, ist er vielleicht nicht da. Aber er kommt bestimmt bald wieder", antwortete ich.

„Und deine Mutter, ist die auch nicht da?", wollte er weiter wissen.

„Vielleicht ist sie mit meinem Vater weggegangen ...", doch weiter kam ich nicht, denn Nepomuk trat energisch auf Paule zu.

„Wir brauchen Ihre Hilfe. Sehen Sie, dieses Fahrrad muss unbedingt repariert werden, wir schaffen es nicht allein."

Paule sah nicht gerade begeistert aus, als er Nepomuks Bitte vernahm, aber durch das Beschäftigen mit meinem Fahrrad hatte er einen Grund, auf meinen Vater warten zu können, sodass er sich schließlich herabbeugte und tatsächlich begann, uns zu helfen. Nach zweieinhalb Stunden war ich der Besitzer eines fahrtüchtigen Fahrrades. Paule sah weniger beglückt aus, denn von meinem Vater war noch immer nichts zu sehen. Er verabschiedete sich von uns mit der verheißungsvollen Botschaft, morgen wieder zu kommen. Auf diese Weise wurden während der folgenden Tage alle unsere Fahrräder, die es nötig hatten, repariert. Und ihr könnt mir glauben, sie hatten es alle enorm nötig.

Diese Tage gehörten mit Sicherheit zu den ruhigsten in unserer Familie. Vater fand Zeit, mit uns herumzutollen. Und meine Mutter konnte uns noch mehr Geschichten erzählen als sonst. Außerdem waren die Gemeindeveranstaltungen, die mein Vater zu halten hatte, in dieser Zeit besonders gut vorbereitet.

Damit das so prima weitergehen konnte, überlegten wir, welche Arbeiten Paule als Nächstes durchführen könnte. Aber es war gar nicht so einfach, das Passende zu finden. Die Wohnung vorzurichten wäre auch sehr nötig gewesen, aber dazu hätten wir meine Eltern in den großen Kleiderschrank oder ins Klo sperren müssen, damit Paule sie nicht sieht. Und ob sie die Notwendigkeit dieser Maßnahme verstanden hätten, wage ich zu bezweifeln.

Endlich hatte unser tierliebender und praktischer Clemens die hervorragende Idee, dass unsere Kaninchen einen neuen Stall gebrauchen könnten. Eifrig schleppten wir Bretter und Nägel herbei und freuten uns bereits für unsere Kaninchen auf deren neue Heimstatt.

Als wir nach diesen Anstrengungen mit unserer Mutter in der Küche saßen, um uns zu stärken, sagte sie plötzlich: „Es ist wirklich erstaunlich, dass es in den letzten Tagen so selten geklingelt hat." Dass es überhaupt nicht mehr geklingelt hatte, schien ihr nicht aufgefallen zu sein. Und dann fügte sie noch hinzu: „Und Paule war auch lange nicht da. Ob er krank geworden ist?"

Die letzte Frage fand ich ziemlich dumm von ihr, denn sie hatte doch ständig die Klagen über seine vielen Krankheiten gehört. Nach diesem Gespräch war Nepomuk so schnell gesättigt wie selten und zog mich am Ärmel ins Kinderzimmer, um mir mitzuteilen, dass sofort gehandelt werden müsste.

Michel hatte die dringende Pflicht, meine Mutter erneut in den Garten mitzunehmen, um ihr die überraschende Vermehrung der Regenwurmfamilie zu zeigen. Und wir anderen entfernten die Klingelblockade. Als Paules Uhrzeit heranrückte, versteckten wir uns in unserem Schuppen auf dem Heuboden und beobachteten seine Ankunft durch das kleine Fenster. Wie gewohnt stellte er sein Fahrrad ab. Man konnte von fern die Erleichterung in seinem Gesicht sehen, dass wir ihn nicht schon wieder mit einem weiteren

kaputten Fahrrad oder anderem Inventar erwarteten. Hoffnungsvoll drückte er auf die Klingel und meine Mutter ließ ihn ein. Unsere Zufriedenheit über die Reparatur unserer Räder wurde plötzlich von dem bedrückenden Gefühl überschattet, welches einen überkommt, wenn man erkennen muss, dass alle Anstrengungen, die man für eine große Sache unternommen hat, vergeblich waren.

Betrübt und schweigend saßen wir auf dem Heuboden und dachten nach. Zeit dafür hatten wir genug, denn nach so vielen Tagen ohne die seelsorgerliche Betreuung meines Vaters hatte Paule gewiss über ganz besonders viele Probleme zu klagen.

Doch als es bereits zu dämmern begann, mein Vater längst in der Jungen Gemeinde lehrte und es Zeit wurde, bei meiner Mutter zum Abendbrot zu erscheinen, sprang Nepomuk plötzlich auf und raste mit Hochgeschwindigkeit in den Hof. Als wir anderen schließlich bei ihm angelangt waren, sah ich gerade noch, wie er sich wieder von Paules Rad entfernte, sich dann auf sein eigenes schwang und uns zum Abschied fröhlich zuwinkte.

In diesem Moment hörten wir auch schon Paule die Treppe herunterstapfen. Blitzschnell flohen wir wieder auf unseren Heuboden. Dann schauten wir zu, wie Paule auf sein Rad steigen wollte und erkannten den Grund für Nepomuks Stimmungswandel. Beide Fahrradreifen hatten Plattfuß. Und eine Luftpumpe befand sich nicht, vielleicht nicht mehr, an Paules Fahrrad. Zornig blickte er sich um. Dann schien er irgendetwas zu suchen, zuerst hinter dem Haus, dann in unseren Gärten und auf dem Friedhof. Vielleicht suchte er eine Luftpumpe. Doch er fand nichts. So nahm er schließlich sein Fahrrad und schob es nach Hause. Ich glaube, er hatte eine lange Wanderung vor sich, denn er wohnte nicht in unserem Dorf.

Und stellt euch vor, nie wieder brauchte Paule die seelsorgerliche Hilfe meines Vaters. Nepomuk und ich hatten alle seine Probleme gelöst.

Und nun wollt ihr vielleicht noch wissen, wer mit uns den neuen Kaninchenstall gebaut hat.

Ob ihr es glaubt oder nicht, das war mein Vater. Und er hatte dabei prächtige Laune. Und der Kaninchenstall wurde genauso prächtig. Ich glaube, Paule hätte es nicht besser gebracht.

WIE DER HERR KREISSCHULRAT DAS VERGNÜGEN HATTE, MEINE MUTTER KENNEN ZU LERNEN

Normalerweise soll in Büchern immer alles schön der Reihe nach erzählt werden. Chronologisch nennt man das. Ich hoffe aber auf euren Großmut, dass ihr mir verzeiht, wenn ich diese chronologische Ordnung nicht immer perfekt einhalte. Es liegt sicher auch daran, dass ich im Geschichtenschreiben noch nicht so geübt bin. Außerdem weiß ich heute nicht mehr ganz genau, welches Ereignis eher als das andere passierte. Und deshalb kann es vorkommen, dass etwas, das eigentlich eher stattfand, mir erst dann wieder einfällt, wenn ich das, was später geschah, bereits geschrieben habe. Und weil ich beim Schreiben nicht immer wieder von vorn anfangen möchte und schließlich vielleicht gar keine Lust mehr dazu habe, ist es bestimmt besser für uns alle, wenn ihr ausnahmsweise Mal nicht so pingelig seid und mir gestattet, die Dinge einfach so zu berichten, wie sie mir gerade in Erinnerung kommen. Und dafür bin ich euch sehr dankbar.

Und damit ihr noch nachsichtiger mit mir seid, muss ich gestehen, dass es bei uns zu Hause meist auch ein bisschen durcheinander zuging. Und ihr kennt ja das alte Sprichwort: „Was Hänschen nicht lernt, lernt Hans nimmermehr." Was man als Kind nicht gelernt hat, kann man leider nur mit riesiger Anstrengung nachholen. Aber, ehrlich gesagt, habe ich nicht sehr viel Lust darauf, dass meine Geschichten zu anstrengend werden. Und ihr hoffentlich auch nicht.

Ich weiß nicht, ob ihr zu den Menschen gehört, die immer alles geduldig ertragen und die stets äußerst brav genau das machen, was man von ihnen erwartet. Ich jedenfalls hatte in dieser Hinsicht meine Probleme. Oft gefiel mir ganz und gar nicht, was man von mir erwartete. Und glaubt mir, solcher Eigensinn bleibt nicht ohne Folgen.

Gegen manche Dinge hatte ich eine mächtige Abneigung, zum Beispiel gegen Käse. Wenn ich schon das Wort hörte, bekam ich eine Bürste auf dem Rücken. Torte war auch nicht besser. Und sogar manches, was man nicht essen konnte, rief in mir Widerwillen hervor, zum Beispiel irgendetwas aufzuräumen oder allein in unserer Wohnung zu bleiben. Aber am allerschlimmsten war Wasser, zumindest ab einer bestimmten Menge. Schon als ich noch nicht zur Schule ging und meine Mutter mir die Haare waschen wollte, weil das eben ab und zu nötig ist, brüllte ich so laut, dass ich mich noch heute darüber wundere, dass meine Mutter nicht wegen Kindesmisshandlung verklagt wurde. Und wenn unsere Familie im Sommer zum Baden an einem See oder im Urlaub an der Ostsee war, reichte meine Begeisterung für das Wasser nur bis zu den Fußknöcheln. Und meine Urlaubsbeschäftigung bestand hauptsächlich aus Aktivitäten, die unterhalb einer knöchelhohen Wassertiefe lagen.

Doch auch an mir ging das Schicksal nicht vorbei, dass ich im zweiten Schuljahr mit meinen Klassenkameraden zum Schwimmunterricht in die Stadt fahren musste. Einige meiner Mitschüler waren Wunderkinder und konnten bereits schwimmen. Zu diesen Begnadeten gehörte auch mein Freund Nepomuk.

In der Schwimmhalle angekommen, mussten wir uns badefertig am Rand des Schwimmbeckens aufstellen. Der Schwimm-Oberlehrer und eine Schwimmlehrerin begrüßten uns. Dann wurde die große Scheidung vorgenommen: Alle, die bereits schwimmen konnten, traten mit der Frau Schwimmlehrerin zur Seite und begaben sich mit ihr ans andere Ende der Schwimmhalle.

Wenn ihr nun der Meinung seid, dass wir anderen jetzt in aller Ruhe in die Künste des Schwimmens eingeführt wurden, irrt ihr euch mächtig. Unser Schwimm-Oberlehrer hatte wahrscheinlich erst vor Kurzem seinen Abschied bei der Armee genommen und schien fest entschlossen zu sein, uns innerhalb von fünf Minuten in eine Rettungsschwimmer-Brigade für den nächsten Seekrieg auszubilden. Er gab uns den Befehl, ins Wasser zu springen. Und wenn wir dies nicht freiwillig taten, wie zum Beispiel ich, dann wurden wir von ihm höchstpersönlich und kurz entschlossen ins tiefe Wasser geworfen. Wie tief das Wasser war, weiß ich heute nicht mehr. Auf alle Fälle reichte es bis über die Knöchel. Und stehen konnte ich in ihm auch nicht mehr. Damit man sich nach diesem Sprung beziehungsweise Schmiss ins kalte Wasser nicht von aller Welt verlassen fühlen sollte, spürte man, sobald man sich wild strampelnd wieder der Wasseroberfläche näherte, über Kopf und Nacken eine harte Stange. Ich war damals der festen Meinung, dass diese mir den letzten Todesstoß versetzen würde, und begriff nicht sogleich, dass sie eigentlich meiner Rettung diente. Ich musste sie ergreifen, um nicht ein zweites und vielleicht letztes Mal in den Wassertiefen zu versinken. Noch heute wache ich nachts manchmal schweißgebadet auf, nachdem ich von dieser Stange und unserem Ober-Schwimmlehrer geträumt habe.

Aber wenn ihr nun denkt, dass sich mit diesen „feinfühligen" Lehrmethoden das Maß des Leides im Schwimmunterricht erschöpft hatte, irrt ihr euch schon wieder. Das Allerschlimmste erfahrt ihr jetzt: Wie in jeder Badeanstalt gab es auch in der unsrigen Umkleidekabinen, wo wir unsere Straßenkleidung aus- und die Badesachen anziehen sollten. Unsere Badebekleidung bestand aus einer einheitlich aussehenden Badekappe, wahrscheinlich deshalb, damit der Schwimmlehrer uns „besser" unterscheiden konnte, und ... nichts! Ja, ihr habt richtig gelesen: Keine Schwimmflossen, keine Schwimmärmel, keine Schwimmringe zierten unsere Körper. Und nicht einmal eine Badehose! Ich war damals gerade acht Jahre alt geworden und bis dahin der Meinung gewesen, dass nur völlig durchgedrehte Leute auf die Idee kämen, splitternackt vor irgendwelchen fremden Leuten herumzulaufen. Und ich konnte mir den Sinn für unseren Auftritt im Adamskostüm nur damit erklären, dass dadurch in uns der heiße Wunsch geweckt wurde, so schnell wie möglich im Wasser abzutauchen. Und tatsächlich wurde meine Angst vor dem Wasser nur von der noch größeren Scham über meine Nacktheit übertroffen.

Die Folgen dieser wöchentlichen Qualen ließen nicht lange auf sich warten: Jeden Dienstagmorgen, bevor ich zum Schwimmunterricht aufbrechen sollte, musste ich mich, ohne dass ich es wollte, übergeben. Mein Kopf schmerzte und mir wurde hundeübel. Meine Mutter dachte natürlich jedes Mal, dass ich im Begriff war, krank zu werden. Und ich selbst dachte es auch. So legte ich mich ins Bett, aber schon nach einer Stunde ging es mir wieder pudelwohl, sodass ich am nächsten Tag wieder die Schule besuchen konnte.

Wie ihr wisst, vertrieb sich meine Mutter nicht nur mit mir die Zeit, sondern ebenso mit meinen jüngeren Brüdern. Deshalb registrierte sie zwar besorgt mein häufiges Unwohlsein, aber nicht dessen Regelmäßigkeit.

Aber einen gab es, dem entging nichts. Und das war mein Freund Nepomuk. Nachdem ich bereits dreimal den Schwimmunterricht verpasst hatte, fragte er mich an einem Dienstagnachmittag während eines Krankenbesuches: „Sag mal, willst du das Schwimmen überhaupt nicht lernen? Jeden Dienstag bist du krank."

„Nein, das nicht"; erwiderte ich, „aber jeden Dienstagmorgen muss ich kotzen."
„Und warum?", wollte Nepomuk weiter wissen, „hast du so große Angst vor dem Wasser?"
„Na, das weißt du ja. Aber noch schlimmer finde ich, dass wir dort nackig rumlaufen müssen. Vielleicht wird mir deshalb schlecht."
Nepomuk schaute mich mit großen ungläubigen Augen an. Er selbst hatte in der Schwimmhalle wahrscheinlich nur einen Gedanken: Wann kann ich endlich ins Wasser? Er schwamm wie ein Fisch. Und ebenso begeistert sprang er ins Wasser, mal zuerst mit dem Kopf, mal mit einem Salto. Das Wasser war sein Element. Und für irgendwelche Gedanken über Badehosen oder Nacktheit war bei all diesem Aktionismus sicher kein Platz in seinem Kopf. Nachdem er mich eine Weile stumm angestarrt hatte, sagte er den für mich Rettung verheißenden Satz: „Felix, hier muss unbedingt gehandelt werden." Dann verließ er mich.
Noch am selben Abend offenbarte ich mich meiner Mutter. In ihr fand sich eine weitere Person, die fest entschlossen war, sofort zu handeln. Sie verfasste einen Brief an meine Klassenlehrerin und bat um ein Gespräch. Bereits am folgenden Tag wurden meine Eltern zum Schuldirektor bestellt. Meine Klassenlehrerin saß ebenfalls dabei.
Nun müsst ihr wissen, dass die Lieblingslektüre meiner Mutter aus psychologischen Büchern bestand, in denen genau erklärte wurde, wie man Kinder versorgen und behandeln soll, damit sich nicht nur ihr Körper, sondern auch ihre Seele gesund entwickelt. Diese Bücher stammten alle aus dem Westen und deren Besitz war einem DDR-Bürger eigentlich verboten. Auf welchen verborgenen Wegen diese West-Bücher in unser Land geschmuggelt worden waren, habe ich nie erfahren. Aber sie waren in Mutters Bibliothek und in groben Zügen auch in ihrem Kopf vorhanden. Denn sie hatte sie so begeistert verschlungen wie wir die Mandarinen, die uns Tante Ursula jedes Jahr in der Adventszeit in einem großen Westpaket schickte.
Durch das Konsumieren dieser Literatur aus dem Feindesland schwebte meine Mutter in ständiger Sorge darüber, dass über ihre geliebten Söhne irgendwelche Ereignisse hereinbrechen könnten, durch die sie einen seelischen Schaden davontragen könnten. Glaubt mir, diese psychologische Spezial-

kenntnis meiner Mutter war eine echte Bürde für uns und wahrscheinlich das schwerste Leid, das wir als Kinder in unserem Elternhaus ertragen mussten. Meine Mutter war nicht nur zäh wie ein Russenauto, sie hatte auch Nerven, so dick wie Seemannstaue, um die sie so mancher beneidete. Aber so groß ihre Geduld mit uns Jungen war, so ungemütlich konnte sie beim Diskutieren mit Leuten werden, die einfach nicht einsehen wollten, dass meine Mutter recht hatte. Mein Vater hatte dann stets alle Hände voll zu tun, sie in einem einigermaßen gesellschaftsfähigen Zustand zu halten. Und ich hatte den Eindruck, dass mein Vater nach dem Gespräch beim Herrn Direktor ziemlich erschöpft nach Hause kam.

Und leider schien meine Mutter nicht die Gabe gehabt zu haben, ihr psychologisches Wissen in einer solchen Weise den sozialistischen Lehrern zu erklären, dass diese es verstanden hätten. Doch wenn es um das Wohl ihrer Kinder ging, gab meine Mutter nicht so schnell auf. Sie hatte darauf bestanden, sich an höhere Instanzen zu wenden. So wurde meinen Eltern ein Termin mit dem Kreisschulrat versprochen, auf den sie sich nun geistig vorbereiteten.

Aber es gab noch jemanden, der nachdachte und bereit zum Handeln war: Nepomuk.

Der nächste Dienstag war herangerückt und ich machte mich trotz Angst und Übelkeit, aber durch das Mitgefühl meines Freundes gestärkt, auf den Weg zum Schwimmunterricht. Nachdem wir uns alle um- beziehungsweise ausgezogen hatten, reihten wir uns wie üblich neben dem Schwimmbecken auf und warteten auf unsere Schwimmlehrer, die bald in ihrer Badebekleidung erscheinen würden.

Jedoch, sie erschienen nicht. Jedenfalls nicht gleich. Und als sie endlich auftauchten, trugen sie nicht wie gewöhnlich Badeanzug und Badehose, sondern noch immer ihre Straßenbekleidung. Sie forderten uns auf, uns wieder anzuziehen und dann mit unseren Badetaschen in einer Reihe Aufstellung zu nehmen. Jetzt erfolgte eine gründliche Badetaschenkontrolle.

Ich überlegte die ganze Zeit krampfhaft, was die Schwimmlehrer in unseren Badetaschen wohl suchen könnten: Vielleicht verbotene Micky-Mouse-Zeitschriften oder Niespulver? Am Ende der ganzen Untersuchung hatte ich noch immer nicht die leiseste Ahnung. Und es wurde auch bei niemandem etwas gefunden, was das Interesse unserer Schwimmlehrer hatte erwecken können.

Inzwischen war die Zeit unseres Schwimmunterrichts vergangen, und ich hatte in dieser Stunde nicht wirklich Fortschritte beim Erlernen des Schwimmens gemacht. Wir begaben uns auf die Fahrt in unseren Heimatort und zu unserer Schule. Als wir nach diesem Schultag wieder bei uns zu Hause anlangten, öffnete Nepomuk seinen Ranzen und entnahm diesem seine Brotbüchse. Er hob ihren Deckel an, und was lag darin? Des Schwimm-Oberlehrers Badehose! Dann forderte er mich auf, auch meine Brotbüchse hervorzuholen. Wie staunte ich, als ich in ihr den Badeanzug der Schwimmlehrerin fand.

„Deine Büchse ist größer als meine", erklärte Nepomuk, „der Badeanzug braucht mehr Platz als die Badehose."

„Und wohin hast du die Brote getan?", wollte ich wissen.

„Die habe ich gegessen."

„Und meine?", fragte ich weiter.

„Die habe ich auch gegessen. Die sind doch die besten."

Nepomuk nahm dann Badeanzug sowie Badehose in seinen Gewahrsam und wir ließen uns Mutters gutes Mittagessen schmecken.

Nach einigen Tagen erhielten meine Eltern ihren erbetenen Gesprächstermin mit dem Herrn Kreisschulrat. Auch der Herr Direktor, meine Klassenlehrerin und die um ihren Badeanzug beraubte Schwimmlehrerin waren anwesend. Ob nun all diese Herrschaften zu neuen psychologischen Einsichten gekommen waren, ob ihnen die Zeit für weitere Diskussionen mit meiner anstrengenden Mutter zu schade war oder ob die Schwimmlehrerin sich an ihr geheimnisvolles Erlebnis der letzten Schwimmstunde erinnerte, entzieht sich meiner Kenntnis. Jedenfalls erhielt ich nach dieser Zusammenkunft als Einziger unserer Klasse die Sondergenehmigung, von nun an mit Badehose das Schwimmen erlernen zu dürfen.

Die anderen Mädchen und Jungen verbargen, so gut sie konnten, ihren Neid. Nur am Faschings-Dienstag, als allen erlaubt wurde, in einem Kostüm ihrer Wahl ins Wasser zu gehen, offenbarten sich ihre heimlichen Wünsche: Alle, ohne Ausnahme, trugen eine Badehose. Sogar Nepomuk!

Die Geschichte ist damit noch nicht zu Ende. Eines Tages, ich konnte mitt-

lerweile schon ein wenig schwimmen, fragte mich Nepomuk, ob wir feines Geschenkpapier hätten. Ich wusste, dass meine Mutter alle möglichen Sachen, die irgendwann von Nutzen sein könnten, aufbewahrte und erinnerte mich, auf unserem Boden eine Kiste mit buntem Papier gesehen zu haben. Bald hatten wir diese gefunden. Nepomuks Blick fiel sofort auf ein ganz besonders leuchtendes Geschenkpapier. Auf ihm waren kleine Weihnachtsmänner, Sterne und Tannenbäume abgebildet, umgeben von Gold- und Silberglanz. Ja, es war wirklich ein ganz besonders feines Geschenkpapier. Und es war bestimmt aus dem Westen.

Nepomuk breitete es sorgfältig auf dem Fußboden aus. Dann zog er aus seinen Hosentaschen eine Badehose und einen Badeanzug. Mit vereinter Kunstfertigkeit wickelten wir diese beiden Kleidungsstücke in das glitzernde Geschenkpapier. Ich fand noch ein rotes Schleifenband. Und man hätte wirklich meinen können, wir wollten jemandem eine ganz besondere Weihnachtsfreude machen.

„Weihnachten ist doch erst in vielen Monaten!", fiel mir plötzlich ein.

Aber Nepomuk blieb fest in seiner Wahl.

„Wenn die ihre Badehosen wiederkriegen, freuen die sich so, als wäre Weihnachten!" Auf ein kleines Kärtchen schrieb Nepomuk in seiner allerfeinsten Schönschreibeschrift: *„Für den Oberschwimlerer und seine Gude."*

Dieses Schild befestigten wir an der roten Schleife.

Und so nahm Nepomuk am nächsten Dienstag sein Weihnachtsgeschenk mit in den Schwimmunterricht. Am Ende der Stunde ließ er es in der Mitte des Umkleideraums liegen. In seinen leuchtenden Farben konnten es unsere prächtigen Schwimmlehrer wahrlich nicht übersehen.

WIE WIR UNS HELDENHAFT IN EINER KATASTROPHE BEWÄHRTEN

Meine Mutter verfügte über ein schier unerschütterliches Immunsystem. Und dass sie jemals krank werden könnte, war mir und meinen Brüdern so unvorstellbar wie die Möglichkeit, dass eines schönen Morgens die Sonne sich weigern würde aufzugehen. Um meine Mutter herum konnten alle Familienmitglieder und darüber hinaus die halbe Gemeinde husten und schniefen, fiebern, sich übergeben oder an Durchfall leiden, für sie selbst schien es nicht die Spur einer Ansteckungsgefahr zu geben. So stand für uns Jungen absolut fest: Mutter ist zäh wie ein Russenauto. Und bis heute bin ich davon überzeugt, dass meine Mutter, hätte sie im Mittelalter während des Wütens einer Pest-Epidemie gelebt, diese als eine der wenigen überstanden hätte.

Umso mehr in unserem Weltbild erschüttert saßen wir eines Morgens in unseren Betten und warteten vergeblich auf die üblichen morgendlichen Geräusche wie das Zuschlagen einer Tür, das Klappern von Geschirr oder das Trällern eines Morgenliedes. Stattdessen ertönte umso lauter das durchdringende Geschrei meines dritten, erst vor drei Wochen geschlüpften Bruders an unser Ohr. Er schien sich ebenso wie wir von unserer Mutter vernachlässigt zu fühlen.

Unser Vater war in jenen Tagen gerade mit einigen Mitgliedern unserer Kirchgemeinde unterwegs. Auf seine erzieherischen Maßnahmen gegenüber dem jüngsten Sohn konnten wir also nicht zählen. Der kleine Wicht dachte aber nicht im Entferntesten daran, Vernunft anzunehmen oder einen freundlicheren Ton anzustimmen. So sprach ich mir selbst Mut zu mit den Worten meines Freundes Nepomuk: „Hier muss unbedingt gehandelt werden!" Schließlich war ich momentan das älteste männliche Familienmitglied im Haus.

So begab ich mich entschlossen in das Schlafzimmer meiner Eltern. Dort drang das ohrenbetäubende Geschrei dieses Winzlings noch lauter an meine Ohren. Und dann erstarrte ich vor innerer Empörung, denn meine Mutter lag noch immer faul in ihrem Bett und rührte sich nicht. Als ich zu ihr trat und sie kräftig schubste, stöhnte sie laut auf. Und ich stellte mit großer Erleichterung fest, dass sie zumindest nicht tot war.

Inzwischen waren mir meine zwei jüngeren Brüder Clemens und Michel auf bloßen Füßen hinterher getapst und standen nun ebenso sprachlos wie ich am Bett unserer Mutter. Mein Bruder Clemens war schon immer viel praktischer veranlagt als ich.

„Justus hat Hunger. Er muss an Mamas Brust", schlug er vor.

Und so geschah es. Mit vereinten Kräften hoben wir Justus aus seinem kleinen Bettchen und legten ihn an die Mutterbrust. Unser Erfolg war durchschlagend. Augenblicklich trat Ruhe ein und wir atmeten erleichtert auf. Das erste Problem war also gelöst. Mutter stöhnte ein bisschen und schlug zu unserer großen Freude die Augen auf. Meine Brüder krabbelten sofort zu ihr ins Bett.

„Heute friert Mama nicht. Sie ist ganz toll warm", teilte Michel mir mit.

Ich konnte seinen Optimismus jedoch nicht teilen. Ich hatte aufgrund meiner reichen Lebenserfahrung den Verdacht, dass wir vor einer nationalen Katastrophe standen: Unsere Mutter war krank. Ich berief mit meinen Brüdern einen Krisenstab ein. Nach einigen Diskussionen einigten wir uns darauf, uns zunächst erst einmal anzuziehen. Da meine Mutter stets schon am Vorabend unsere Kleidung für den nächsten Tag neben unseren Betten zurechtlegte, meisterten wir diese Aufgabe einigermaßen problemlos.

Dann begaben wir uns in die Küche, wo ich, mit unserem großen Küchenmesser ausgerüstet, kräftige Männerstullen vom Brot abschnitt. Im Kühlschrank fanden wir Butter und Marmelade, die wir reichlich auf diese dicken Bemmen strichen. Wir mussten unsere Münder zwar mächtig aufreißen, um in sie hinein beißen zu können, aber bald waren wir gesättigt und konnten uns den weiteren Herausforderungen dieses Tages stellen. Nun erwogen wir die nächsten Schritte in der Katastrophenbewältigung.

Während des unüberhörbaren Morgengeläuts kam mir die Blitzidee, das Büro in unserem Pfarrhaus aufzusuchen und dort bekannt zu geben, dass mit unserer Mutter irgendetwas nicht stimmte. Es dauerte auch nicht lange, bis Mutters beste Freundin sowie unsere Kinderärztin erschienen. Mutters Freundin kümmerte sich sofort um das Baby, die Windeln und das Chaos in unserer Nach-Frühstücks-Küche. Und die Kinderärztin untersuchte Mutter und stellte fest, was ich bereits auch ohne Doktortitel wusste: Mutter war krank. Sie erklärte mir, dass sie eine Entzündung in der Brust und dadurch sehr hohes Fieber hätte. So etwas könnten Mamas manchmal bekommen während der Wochen, in der sie ihre Babys stillen.

Die Sache mit der Entzündung in der Brust klang für mich sehr bedrohlich, denn ich fürchtete, das Geschrei unseres Jüngsten würde nun gar kein Ende mehr nehmen, wenn es mit der Nahrungsquelle Probleme gab. Und diese schien es ja offensichtlich zu geben. Aber dann tröstete ich mich bei dem

Gedanken, dass das Baby die Milch ja auch mal etwas heißer trinken könnte und sich schon nicht gleich die Zunge verbrennen würde. Dann holte die Kinderärztin aus der Apotheke Medizin für meine Mutter und erklärte uns, dass durch diese Medizin die Milch für das Baby nicht mehr genießbar wäre, sie aber aus der städtischen Kinderklinik Frauenmilch für den Kleinen besorgen würde, was sie dann auch tat.

Bei all dieser Fürsorge lag meine Mutter bald selig und zufrieden in ihrem Bett, sodass ich es mit der Angst zu tun bekam, dass es ihr am Ende noch Spaß machen könnte, krank zu bleiben. Deshalb wollte ich unserer Kinderärztin vorschlagen, ein bisschen garstig zu unserer Mutter zu sein.

Doch bevor ich dazu kam, wurde ich von ihr als Krankenhaus-Chef eingesetzt, weil ja weder sie, wegen der vielen kleinen Patienten, die in ihrem Wartezimmer saßen, noch die Freundin meiner Mutter, wegen ihrer eigenen auf sie wartenden Kinder, den ganzen Tag bei uns bleiben konnten.

Die Fülle meiner Aufgaben war gewaltig: Ich sollte meiner Mutter helfen, regelmäßig die Medizin einzunehmen. Das machte ich zu meiner dringlichsten Mission, denn ich ahnte, dass das der wichtigste Beitrag zur Katastrophenbekämpfung war. Außerdem sollte mein Babybruder seine Milch vorübergehend aus kleinen, bereits gefüllten Fläschchen, die wir vor der Verabreichung eine Weile in warmes Wasser stellen sollten, trinken. Meine Brüder waren von dieser Aufgabe begeistert und wollten mir helfen, das Fläschchen zu halten, da Justus das ja noch nicht selbst tun konnte. Meine Mutter sollte ihre eigene Milch abpumpen und ich müsste diese dann wegkippen, was ich mächtig bedauerte, da ich stets begeistert überschüssige Muttermilch trank, wozu ich ja bei drei kleineren Brüdern im Laufe der Jahre reichlich Gelegenheit hatte.

Und die letzte Aufgabe schien mir die leichteste zu sein: Ich sollte meine jüngeren Brüder vernünftig beschäftigen, wie sich unsere Kinderärztin ausdrückte. Um die Hausarbeit wollte sich am Abend noch einmal Mutters liebe Freundin kümmern und dabei überprüfen, ob wir brav ins Bett gegangen waren und ob es dem Baby gut geht. Dieses legte sie jetzt aber erst einmal in den Kinderwagen und stellte diesen unter einen Baum in unserem Garten. Wenn er zu weinen beginnen würde, sollten wir ihn ein bisschen im Garten hin und her fahren oder ihm ein Fläschchen geben.

Nach all diesen Unterweisungen verließen uns die zwei Nothelferinnen. Ich blickte mit eher verhaltener Begeisterung der Bewältigung meiner Ämter entgegen. Doch just in dem Moment, als ich beinahe etwas verzagen wollte, klingelte es und vor unserer Tür stand Nepomuk. Auf ihn war Verlass. Er spürte, dass er gebraucht wurde, ohne dass man ihn herbeirufen musste. Als ich Nepomuk meine verantwortungsvollen Aufgaben darlegte, hörte er hingebungsvoll zu und verkündete am Ende meiner Ausführungen: „Hier muss unbedingt gehandelt werden!"
Und das war mir an diesem Tag auch schon ohne ihn klar geworden.
Zum Glück waren gerade Sommerferien, sodass wir nicht durch die Schule von unserer wichtigen Tätigkeit abgehalten wurden. Die Sonne lachte, es war warm und ich war der Meinung, dass meine Mutter wirklich eine sehr unpassende Jahreszeit gewählt hatte, um sich krank ins Bett zu legen. Wenn sie das schon so selten tat, wäre es doch bei schlechtem Wetter wirklich gescheiter gewesen.
Das erste Problem, das Nepomuk in Angriff nahm, war das bevorstehende Mittagessen.
„Was gibt es heute bei euch zum Mittagessen?", fragte er in alter, nicht von Katastrophen getrübter Gewohnheit.
„Ich weiß nicht", sagte ich, „und so lahm, wie unsere Mutter heute in ihrem Bett liegt, glaube ich nicht, dass sie Lust zum Kochen hat."
„Es ist jetzt schon bald um zwölf", stellte Nepomuk fest, „da müssen wir eben selber kochen." Sein Entschluss stand fest. Und er gab uns weitere Anweisungen.
Wir hatten ja auf unserem Grundstück eine kleine Feuerstelle, an der wir im Sommer abends manchmal ein kleines gemütliches Lagerfeuer anzündeten. In diese Grube mussten wir zunächst den Inhalt all unserer Papierkörbe kippen. Dann holte ich Streichhölzer. Da die Sonne herrlich schien, prasselte bald das prächtigste Feuer. Und damit es nicht verlösche, holten wir aus unserem Holzschuppen jede Menge Holz zum Nachlegen. Man konnte meinen, Nepomuk wollte an diesem Tag alle Hexen der Vergangenheit und Zukunft auf einmal auf diesem Scheiterhaufen verbrennen, denn er schrie immer wieder:
„Mehr Holz!"

Was dieses Hexenfeuer mit unserem Mittagessen zu tun hatte, war mir zwar absolut nicht klar, aber ich vertraute seiner Weitsicht. So befolgten wir all seine Anordnungen. Als wir gerade so mächtig schwitzten, wie man an einem heißen Sommertag neben einem noch heißeren Feuer nur schwitzen kann, hörten wir ein uns bekanntes Geräusch: Unser Baby-Bruder verkündete uns seine Anwesenheit.

„Wir sollen ihn ein bisschen spazieren fahren, wenn er weint", sagte ich und beauftragte mit dieser Aufgabe meine Brüder.

So schoben sie den Kinderwagen eine Weile hin und her, während Nepomuk und ich weiter unser Lagerfeuer mit Holzklötzen fütterten. Nach einer Weile schien jedoch das Spazierenfahren den Kleinen auch nicht mehr zufrieden zu stellen.

„Ihr müsst ihn schneller fahren, denn als er noch im Bauch von eurer Mutter war, ist die doch hin und her gerannt, so wie sie es immer macht. Er braucht höhere Geschwindigkeit. Wollen wir Wettfahren machen?"

Das war natürlich wieder eine prima Idee von Nepomuk. Er übernahm die Organisation des Rennens. Eine Rennstrecke wurde festgelegt. Ich musste neben der Rennstrecke stehen, und während jeder Fahrt zählen. Meine Brüder und Nepomuk schoben abwechselnd den Kinderwagen. Und bei wem ich am kürzesten zählen musste, der hatte gewonnen. Natürlich war Nepomuk der schnellste Kinderwagen-Schieber. Als ich dann auch einmal an die Reihe kommen durfte, zählte Nepomuk, aber in doppelt so schnellem Tempo wie ich. Dadurch blieb er Sieger.

Eine Weile beruhigten diese wilden Fahrten unser Baby, aber bald schrie es wieder. Vielleicht aus Langeweile, vielleicht aber auch, weil es uns zu noch höheren Geschwindigkeitsleistungen anspornen wollte. Wieder wusste Nepomuk Rat.

„Auf dem Weg schuckelt es nicht genug. Bei eurer Mutter im Bauch hat es bestimmt noch mehr geschuckelt. Wir müssen ihn auf der Wiese fahren."

Während unser Hexenfeuer kräftig vor sich hin loderte, begannen wir also, unsere Rennbahn auf die Wiese zu verlegen. Wieder wurde eine Strecke festgelegt, die diesmal besonders huckelig sein musste. Es war kein Problem, so eine Strecke zu finden, denn auf unserer Wiese buddelte eine ganze Kompanie von Maulwürfen, sodass es eher ein Problem gewesen wäre, auf ihr ein

Stück ebener Strecke zu finden.
Der Erste, der das Rennen beginnen durfte, war Michel. Bei seiner Größe konnte er noch nicht an den Griff des Wagens heranreichen, aber er schob mit großer Anstrengung und Begeisterung am eigentlichen Wagen. Trotz seiner heldenhaften Bemühungen blieb er schon nach kurzer Zeit in einem Maulwurfshügel stecken. Ähnlich erging es meinem Bruder Clemens. Dann war ich an der Reihe. Diesmal war ich fest entschlossen, Sieger zu werden. Mit voller Kraft voraus schob ich die Karre an. Kurz vor dem Ende der Strecke gab es jedoch einen mächtigen Ruck und in einem hohen Bogen purzelte unser Baby aus dem Wagen ins Gras und auf einen Maulwurfshügel. Starr vor Schreck blieben wir stehen, jeder an der Stelle, wo er sich gerade befand. Das Baby schwieg, was ja das eigentliche Ziel unserer Anstrengungen gewesen war, uns jetzt jedoch zutiefst beunruhigte. Und wie von einer schrecklichen Strafe begnadigt, atmeten wir auf und unser Glück kannte keine Grenzen, als das Baby in unerhört empörtes Geschrei ausbrach.
In Windeseile saßen wir neben ihm, drehten es hin und her und überprüften mit größter Genauigkeit, ob noch alles an ihm dran war. Trotz des anhaltenden Geschreis waren wir mit dem Ergebnis unserer Begutachtung sehr zufrieden. Mein häuslicher Bruder Clemens klopfte alle Gras- und Erdspuren von ihm ab, nur die kleinen Schrammen in seinem Gesichtchen konnten wir trotz größter Bemühungen nicht entfernen, sondern erreichten nur, dass sie von unseren schmutzigen Feuermachhänden braun bis schwarz bedeckt wurden.
Inzwischen war das Geschrei unseres Brüderchens wieder ein wenig freundlicher geworden, was Nepomuk zurück auf den Boden, der ihm als nächstes wichtigen Anforderung des Tages, beförderte. Er stellte schlicht und sachlich fest: „Ich habe Hunger."
Diese Aussage bewog Clemens dazu, wie ein Wilder loszurennen, im Gefolge den kleinen Michel. Nepomuk und ich bemühten uns inzwischen, das Baby wieder in den Wagen zu legen. Aber damit schien es überhaupt nicht einverstanden zu sein. Erneut brach es in empörtes Schreien aus. Inzwischen tauchten Clemens und Michel wieder auf. Beide trugen in jeder Hand eine Flasche mit Muttermilch. Und das war wohl die beste Idee des Tages. Der Kleine trank schmatzend und lag bald sehr zufrieden in seinem Wagen.

Plötzlich hörten wir ein uns bekanntes Geräusch, das uns jedes Mal, wenn es erklang, in freudige Erregung versetzte: Die Sirene heulte.

„Es brennt!", riefen wir alle wie aus einem Munde und rasten an unser großes Hoftor, von dem aus wir auf die Straße sehen konnten. Das Vorbeifahren der Feuerwehr durften wir auf keinen Fall verpassen.

Das Rennen zum Hoftor hätten wir uns - wie immer - ersparen können, denn in unserem Land war die Pause zwischen dem Heulen der Sirene und dem Anrücken der Feuerwehr stets reichlich bemessen. Wahrscheinlich wollte man dem Feuer etwas Zeit lassen, sich noch etwas mehr auszubreiten, damit sich das Löschen auch lohnte. Endlich erblickten wir das ersehnte Fahrzeug. Doch als es sich unserem Haus näherte, fuhr es nicht, wie erwartet, an unserem Grundstück vorbei, sondern bog in unseren Hof ein. Noch hielt unsere Begeisterung an, doch dann dämmerte es bei mir: Unser Hexenfeuer!

Tatsächlich stürzten die Feuerwehrmänner sofort auf uns zu und fragten uns, wo es brennen würde. Diese Frage war eigentlich völlig überflüssig, denn die aufsteigenden Rauchschwaden waren weder zu übersehen noch zu überriechen. Jetzt hatte auch Nepomuk die Stunde der Wahrheit erkannt, und mit Eifer führte er die Feuerwehrmänner zu unserem Feuer. Im Nu war es mit ein paar Eimern Wasser von den Feuerwehrmännern gelöscht.

Doch dann erhielten wir eine Standpauke, denn es war schnell klar, dass wir die Brandstifter waren. Alle unsere Ausflüchte wurden nicht als Entschuldigung akzeptiert. Bei Waldbrandstufe 4 nützte nicht einmal die Tatsache als Ausrede, dass man eine kranke Mutter im Bett hatte. Bei dem Gedanken an meine Mutter ließ ich die Feuerwehrmänner samt Nepomuk und meinen Brüdern stehen und raste, so schnell mich meine Beine trugen, zu ihr. Die Medizin! Ich hatte doch tatsächlich meinen wichtigsten Auftrag vergessen.

Als ich zu meiner Mutter kam, lächelte sie mich freundlich an. Sie hatte bereits ihre Medizin eingenommen und fragte, ob es dem Baby und uns allen gut ginge.

„Alles läuft bestens. Nepomuk ist auch da und hilft uns", antwortete ich ihr.

Als meine Mutter diese Nachricht vernahm, stand sie zwar etwas langsam, aber sehr entschlossen aus ihrem Bett auf, zog sich eine Jacke über, was meiner Meinung nach bei dieser Hitze völlig überflüssig war, und ging ganz langsam mit mir die Treppe hinunter. Die Feuerwehr war inzwischen wieder weggefahren. Es roch noch ein wenig brenzlig, aber das war in unserem Dorf keine Besonderheit, weil es mehrere Holzköhlereien gab. Sich ein wenig auf mich stützend, begab sich meine Mutter mit mir zum Kinderwagen. Das Baby lag friedlich schlafend darin.

„Der Kleine ist ja ganz schmutzig", stellte Mutter fest.

„Wir haben ihn ganz viel gestreichelt", antwortete Nepomuk.

„Ihr habt sicher großen Hunger", sagte Mutter dann, „ich koche euch jetzt Grießbrei."

Ich glaube, so gut hat mir im Leben kein anderes Essen geschmeckt. Und als gegen Abend unsere Kinderärztin noch einmal zu uns kam, meine Mutter brav in ihrem Bett lag, das Baby zufrieden im Wagen schlief und wir uns mit unserem Gartenschlauch abspritzten, um abends sauber ins Bett zu steigen, war sie mit uns allen sehr zufrieden. Nur Mutters Freundin wird sich, als sie am Abend unser Baby badete und die Schrammen in seinem Gesichtchen zum Vorschein kamen, ein bisschen gewundert haben. Aber gefragt hat sie uns nicht.

Und das Baby, mein kleiner Bruder Justus, hat auch nichts verraten. Das fand ich wirklich prima von ihm und ich war sehr stolz auf ihn, weil er so tapfer war und mit uns diese Katastrophe gemeistert hat.

WIE WIR DIE ZAHL DER GOTTESDIENSTBESUCHER ERHÖHEN WOLLTEN

Der bedeutendste Umschlagplatz für neueste Nachrichten war in unserem Dorf ohne Zweifel unser Friedhof. Wenn man wissen wollte, wer in den letzten Minuten gestorben war, wo es gerade Klopapier zu kaufen gab oder wer aus dem Dorf gestern Abend betrunken war und seine Familie verkloppt hatte, dann musste man einfach nur auf den Friedhof gehen und so tun, als würde man das Grab seiner lieben Vorfahren aufsuchen. Im Nu konnte aller Wissensdurst gestillt werden. Und ich wette, wenn meine Mutter unbedingt hätte wissen wollen, wann sie ihr nächstes Baby zur Welt bringen würde, auf unserem Friedhof hätte sie es erfahren.

Unser Pfarrgrundstück lag genau neben diesem Friedhof und war durch eine dicke Mauer von ihm getrennt, durch die man nichts sehen, aber alles hören konnte. Wenn wir Kinder uns auf die Gartenbank oder einen Stuhl stellten, konnten wir die Dorfbevölkerung jeden Tag beim Schleppen ihrer Gießkannen beobachten. Nicht der schlimmste Wolkenbruch konnte sie von dieser heiligen Pflicht abhalten. Bei solch einer hervorragenden Pflege sah unser Friedhof eher wie eine Landesgartenschau aus.

Und als Kind dachte ich manchmal, dass die Leute des Dorfes ständig an einem Wettkampf teilnahmen, bei dem es darum ging, das allerfeinste Grab zu gestalten und bei dem es in regelmäßigen Abständen tolle Preise zu gewinnen gab. Sogar um die Gräber herum wurde die Erde tadellos glattgerecht, sodass sich nicht einmal mehr eine Feuerwanze dorthin wagte, von denen es ganz in der Nähe, nämlich in unserem Garten, Millionen gab. Das mussten die Baby-Feuerwanzen sicher als Allererstes in ihrem Wanzenleben lernen, denn das Betreten dieses heiligen Gebietes namens Friedhof hätte für sie den sicheren Tod bedeutet.

Ihr seht doch sicher ein, dass nach so viel schwerer Grabpflegearbeit ein kleines Plauderstündchen genehmigt werden musste. Meine Mutter und wir Kinder kamen dadurch in unserem angrenzenden Garten oft und ungewollt in den Genuss, die aktuellsten Dorfneuigkeiten mitzuhören.

Jedoch am Sonntagmorgen entging uns sicher so manche wichtige Information, denn während dieser Zeit saßen wir im Gottesdienst in der Kirche beziehungsweise im Pfarrhaus beim Kindergottesdienst. Durch die Wände der Kirche drangen nur extrem laute Geräusche, wie zum Beispiel das Läuten unserer Glocken. Und das war auch gut so, denn sonst hätten die Gottesdienstbesucher vielleicht nicht mehr auf das gehört, was mein Vater ihnen erzählte, sondern auf die neusten Friedhofs-Tratschgeschichten. Denn leider gab es viele Dorfbewohner, die den Sonntagmorgen lieber auf dem Friedhof verbrachten als in der Kirche, sogar dann, wenn in der Kirche schöneres Wetter war als auf dem Friedhof.

Der Gottesdienst fand jeden Sonntag von 9.30 bis 11.00 Uhr statt. Zur gleichen Zeit saßen wir Kinder mit meiner Mutter im Pfarrhaus beim Kindergottesdienst. Meine Mutter regelte die Geburten ihrer Kinder stets so, dass sie das gerade bevorstehende Kind schnell zur Welt brachte, wenn der Kindergottesdienst vorbei war, um am darauf folgenden Sonntag wieder pünktlich um halb zehn zur Stelle sein zu können. Und der einzige Unterschied bestand dann nur darin, dass ein Kind mehr im Kindergottesdienst vorhanden und ihr Bauch wieder ein bisschen dünner geworden war.

Wie ihr ja bereits längst bemerkt habt, wohnte Nepomuk mehr bei uns als bei sich. Ich glaube, am liebsten wäre er ganz bei uns eingezogen. Ich erinnere mich, wie er mich, ich glaube, es war im zweiten Schuljahr, eines Tages bat: „Frag mal deine Mutter, ob ich auch Mutti zu ihr sagen darf!"

Nun, für meine Mutter war das kein Problem.

Ob Nepomuk schon von Anfang an so brennend an den biblischen Geschichten interessiert war oder ob er nur einfach gern bei uns war, weiß ich wirklich nicht. Aber er gewöhnte es sich an, jeden Sonntagmorgen pünktlich vor unserer Tür zu stehen und mich zum Kindergottesdienst abzuholen. Es ist in der Tat unter anderem auch Nepomuks Verdienst, dass ich heute ein recht solides biblisches Wissen habe. Denn ohne ihn hätte ich bestimmt nicht an jedem Sonntag Lust gehabt, in den Kindergottesdienst zu gehen. Nicht selten verlängerte Nepomuk seinen Gottesdienstbesuch um einige Stündchen und blieb bei uns noch zum Mittagessen. Er hatte sich wahrscheinlich schon so an Mutters Küche gewöhnt, dass er sie auch sonntags nicht missen wollte. Da in unserer Küche sowieso meist eine Bevölkerungsdichte wie in Bangladesh war, kam es auf Nepomuks Anwesenheit auch nicht mehr an.

Eines Tages sagte mein Vater während des Mittagessens: „Ich bin ziemlich traurig darüber, dass so viele Leute aus unserem Dorf am Sonntag lieber auf dem Friedhof ihre Gräber pflegen, anstatt in die Kirche zu kommen. Dabei wäre es doch viel wichtiger für sie zu erfahren, wie sie sich vorbereiten müssen, um nach ihrem Tod einmal bei Gott sein zu können."

Nepomuk hörte ihm andächtig zu. An seinen zusammengezogenen Augenbrauen konnte ich erkennen, dass ihn dieses Problem ernsthaft zu beschäftigen begann.

Ich selbst hatte dieses Gespräch bald vergessen, aber Nepomuk war von anderer Natur. An den folgenden Sonntagen verließ er des Öfteren den Kindergottesdienst, um angeblich aufs Klo zu gehen. Und da ich kein Mädchen bin, lief ich ihm nicht hinterher. (Ihr wisst ja, dass Mädchen immer zu zweit oder gleich im Sammelpack aufs Klo gehen. Vielleicht kann mir jemand verraten, warum das so ist.)

Eines schönen Sonntags eröffnete mir Nepomuk feierlich: „Felix, hier muss unbedingt gehandelt werden."
Ich schwebte in völliger Ahnungslosigkeit darüber, an welchem Ort und in welcher Angelegenheit gehandelt werden sollte. Aber ich wusste ja inzwischen aus Erfahrung, dass es zwecklos war, bei Nepomuk überflüssige Fragen zu stellen. Meine Aufgabe bestand einfach nur darin, mich bereit zu halten für die Stunde, in der der Handlungsplan beginnen sollte.
Lange brauchte ich jedoch nicht zu warten, nur bis zum Nachmittag. Zunächst bemerkte ich jedoch noch gar nicht, dass dieser Handlungsplan bereits begonnen hatte. Zuerst suchte Nepomuk mit uns nach Astgabeln, die wir mit unseren Taschenmessern zurechtschnitzten. Dann musste Clemens bei unserer Mutter feste Einweckgummis und aus Vaters Werkzeugkasten Nägel, Hammer und Zange herbeiholen. Und was bei diesen Arbeiten herauskam, war für jeden von uns ein feines Katapult. Zuletzt bogen wir uns die Nägel mit der Zange so zurecht, dass man sie wunderbar mit dem Katapult abschießen konnte. Diese Dinger nannte Nepomuk „Krampen".
Und jetzt konnte es losgehen. Zuerst zielten wir auf unsere Schuppentür. Dann suchten wir uns kleinere Ziele, zum Beispiel Bäume und alte Holzstiegen. Nach einigen Tagen entdeckte ich in unserem Schuppen eine große Pappkiste. Ich holte meinen Farbkasten und unter Nepomuks Anleitung malten wir eine sehr dicke Dame darauf, aber von hinten. Und ihr äußerst prächtiger Allerwertester wurde unser neues Ziel beim Krampenschießen.
Natürlich trafen wir dieses Ziel nur selten, zumindest am Anfang. Deshalb entwickelte Nepomuk ein Punkte-System: Wenn wir den Kopf trafen, gab es nur einen Punkt, ein Treffer auf den Rücken brachte zwei Punkte, auf die Arme drei und auf die Beine vier. Gelang es uns jedoch, den Po zu treffen, erhielten wir zwanzig Punkte! So war es natürlich ein großer Ansporn für uns, auf den Po zu treffen. Unser einziges Problem bei unserem Sport bestand darin, dass wir sehr oft die Krampen nicht wieder fanden. Aber auf irgendeine geheimnisvolle Weise fischte Nepomuk aus seiner Hosentasche immer wieder Nachschub hervor.
Nach etwa vierzehntägigem Schießtraining konnten Nepomuk, Clemens und ich so gut zielen, dass die Papp-Dame durch unsere vielen Treffer an ihrem Allerwertesten ein großes Loch bekommen hatte. Dadurch hatten wir

auch unser Krampenproblem gelöst, denn diese landeten nun im Inneren der Pappkistendame, wo wir sie bequem herausholen konnten.

An einem Sonntagmorgen stand Nepomuk wie gewöhnlich vor Beginn des Kindergottesdienstes vor unserer Tür und verkündete: „Heute handeln wir. Bringt schnell die Katapulte auf den Heuboden!"

Nachdem wir sie dort eingelagert hatten, begaben wir uns zum Kindergottesdienst, wo wir Mutters Geschichte lauschten. Als der Spiele-Teil begann, drückte mir Nepomuk einen kleinen Zettel in die Hand und verließ unseren Gemeindesaal. Ich öffnete den Zettel und las: *„Folgt mir unaufelig auf den Heuboden."*

Wenn wir im Kindergottesdienst Spiele machten, ging es meist ziemlich wild zu. Und meine Mutter hatte ihre liebe Not, nicht den Überblick zu verlieren. Ich glaube, sie hat ihn meistens trotzdem verloren, und so fiel es ihr auch nicht auf, dass nun auch noch ich und Clemens den Saal verließen. Schnell sausten wir auf den Heuboden, wo Nepomuk schon ungeduldig auf uns wartete. Er drückte uns unsere Katapulte in die Hände und machte ein Zeichen, ihm zu folgen.

Wir sausten zu unserem Holzschuppen und kletterten auf dessen Dach. Dieser Holzschuppen ist euch ja bereits bestens bekannt. Er grenzte direkt an den Friedhof und war von Büschen umgeben. So konnte uns nicht so schnell jemand sehen, während wir dort oben hockten.

Allmählich begann ich zu ahnen, was mein Freund Nepomuk vorhatte. Ich war sofort Feuer und Flamme und erklärte es Clemens. Der hatte jedoch einige Bedenken.

„Wohin soll ich denn schießen, wenn der Hintern auf der anderen Seite ist?", fragte er.

Aber Nepomuk hatte längst alles gründlich durchdacht.

„Sollen die Leute rückwärts durch das Friedhofstor gehen? Du schießt nur auf die, die AUF den Friedhof gehen wollen. Bei denen ist der Hintern genau richtig. Die wieder nach Hause gehen, die lässt du in Frieden ziehen", erwiderte er.

Nepomuk hatte wirklich einen guten Tag gewählt. Die Sonne strahlte vom Himmel. Und es hatte bereits seit gestern Abend nicht mehr geregnet. Es war also allerallerhöchste Zeit, die Gräber wieder zu gießen. Es bestand für uns nicht der geringste Zweifel daran, dass die Grabgießer bald auftauchen würden.

Damit es schön gerecht zuging, sollten wir immer der Reihe nach schießen. Natürlich durfte Nepomuk beginnen. Und wirklich, schon tauchte eine Frau auf. Sie war klein und dünn und hatte es schrecklich eilig, das ausgedörrte Grab ihrer Vorfahren endlich zu erreichen. Nepomuk legte sorgfältig eine Krampe an den Gummi seines Katapultes, spannte ihn und zielte. Doch ehe die Krampe auf Reisen ging, hatte diese eifrige Dame das Grab ihrer Lieben sicher schon dreimal überflutet. Das hatte also nicht geklappt.

Jetzt kam ich an die Reihe. Wir warteten ein bisschen. Und dann kam wieder eine Frau. Sie war etwas runder und dementsprechend langsamer. Flugs hatte ich das Katapult gespannt, schon sauste die Krampe durch die Luft, jedoch haarscharf an der Dame vorbei. Vielleicht hielt diese sie für eine ganz flotte Biene. Jedenfalls wurde mein Attentatsversuch von ihr in keiner Weise beachtet.

Kaum war sie unserem Einschussgebiet entwichen, nahte bereits das nächste Opfer. Und was für ein Prachthintern! Wir zwei Großen bedauerten aufrichtig, dass gerade jetzt Clemens an der Reihe war. Doch wie staunten wir, als er blitzschnell und kaltblütig sein Geschoss auf die Reise schickte und mit diesem genau auf das prächtige Hinterteil traf. Den darauf folgenden Schrei werde ich mein Lebtag nicht vergessen. Wir fanden es zutiefst bedauerlich, dass wir dabei nicht ihr Gesicht sehen konnten. Aber uns erfüllte die tröstliche Hoffnung, dass sie von nun an jeden Sonntagvormittag Zuflucht in der Kirche suchen würde, um derartigen schmerzvollen Erfahrungen zu entkommen.

Nachdem ihr Schrei verklungen war, drehte sie sich langsam um und schaute nach allen Seiten. Wir lagen versteckt hinter den Blättern der Büsche auf dem Schuppendach. Und ich stellte mir dabei vor, dass sich der liebe Gott so ähnlich wie wir fühlen wird, wenn er am Jüngsten Tag all die gottlosen Sünder bestrafen wird, die sonntags nicht zur Kirche gegangen waren, sondern stattdessen die Gräber gegossen haben, nur damit sie irgendeinen kindischen Preis für besonders feine Gräber erhalten. Ich glaube, wir hielten uns alle drei für den verlängerten Arm Gottes, der diejenigen bestrafen muss, die es verdienen. Und deshalb fanden wir es nur gerecht, dass die Frau mit dem

Prachthintern uns nicht entdeckte, dass sie stattdessen in sich gehen würde, um über ihr sündiges Leben nachzudenken. Wir waren vollkommen überzeugt davon, dass sie am kommenden Sonntag mit in der Kirche sitzen wird. Nach einer Weile kamen zwei Kinder.
„Soll ich die in den Kindergottesdienst schießen?" fragte Nepomuk flüsternd.
„Nein", antwortete ich schnell, „lieber nicht. Meine Mutter hat schon genug für ihre Nerven mit den anderen, die schon drin sind. Lass sie laufen! Wir brauchen vor allem welche für meinen Vater. In der Kirche ist noch sehr viel Platz."
Inzwischen waren die Kinder auch schon am Brunnen angekommen und füllten ihre Gießkannen.
Als Nächstes kam sehr langsamen Schrittes eine alte Frau durchs Friedhofstor. Sie sah noch viel dünner aus als die Erste, die so schnell gelaufen war. Als Nepomuk sein Katapult spannen wollte, hielt ihn Clemens zurück.
„Nein, die darfst du nicht schießen, ich glaube, die hat Krebs", sagte er aufgeregt.
Ja, damit hatte er bestimmt recht. So ähnlich mussten Leute aussehen, die Krebs hatten. Wir waren jedenfalls sehr zufrieden mit unserem Edelmut, dass wir nicht auf Menschen schossen, die Krebs hatten. Aber die Frau sollte sonntags trotzdem lieber in die Kirche gehen, als auf dem Friedhof herumzulaufen. Denn wenn sie so krank war, würde sie bestimmt bald sterben ... Wie könnten wir ihr ohne Krampen klarmachen, dass sie sonntags in die Kirche gehen muss?
Lange konnte ich diesem Gedanken jedoch nicht nachhängen, denn dem Friedhofstor näherte sich ein Mann, der ein Fahrrad neben sich herschob. Nepomuk trat in Aktion. Und dann gab es einen Knall. Die Krampe war genau auf das Schutzblech des Rades aufgetroffen. Erschrocken drehte sich der Mann um und erblickte uns. Blitzschnell kletterten wir vom Schuppendach herunter und hinein in den Holzschuppen. Dort versteckten wir uns hinter den Holzbergen. Draußen vernahmen wir Schritte. Sicher war das der Mann, der uns suchte. Nach einer Weile wurde es wieder still.
Plötzlich hörten wir die Stimme unserer Mutter.
„Clemens, Felix, wo seid ihr denn?"
Da Clemens fast immer ein vorbildlicher Sohn war, eilte er sofort aus dem

Holzschuppen. Wir anderen beiden folgten ihm. Die Katapulte hatten wir vorsichtshalber unter dem Holz versteckt. Meine Mutter schimpfte ein bisschen mit uns, aber lange hielt sie das nie durch, zumal wir jetzt fröhlich und gesund vor ihr standen. Nepomuk trottete etwas bedrückt neben mir her.

„Leider nur ein Gottesdienstbesucher mehr", knurrte er leise.

Am darauf folgenden Sonntag kam Nepomuk noch etwas früher als gewohnt zu mir. Dann begab er sich mit mir in die Kirche, in der aber erst ganz wenige Gottesdienstbesucher saßen. Dann stellten wir uns an die Kirchentür, gerade so wie unsere Kirchvorsteher, die die Leute am Sonntagmorgen willkommen hießen. Hier standen wir nun und warteten. Worauf eigentlich? Wisst ihr es? Als die Glocken zu läuten begannen, sagte ich zu Nepomuk: „Komm, der Kindergottesdienst beginnt!"

„Noch ein paar Minuten!", bat er. „Vielleicht kommt er etwas später. Du weißt doch, er ist nicht so schnell."

„Wer denn?", wollte ich wissen.

„Natürlich der Prachthintern!", antwortete er darauf.

Ach so. Nun wusste ich endlich, warum wir hier standen. Also warteten wir noch ein Weilchen. Es strömten noch einige Zuspätkommer in die Kirche, aber unser ersehnter Prachthintern war nicht unter ihnen.

Auf dem Weg zum Pfarrhaus sagte ich zu Nepomuk: „Das mit den Krampen ist vielleicht nicht freundlich genug. Wir müssen uns was Freundlicheres ausdenken."

Er antwortete nicht, aber ich sah ihm an, dass er nachdachte. Den ganzen Kindergottesdienst über saß er wie versteinert auf seinem Platz. Und ich konnte mir beim besten Willen nicht vorstellen, dass er derartig gefesselt war von der biblischen Geschichte, die meine Mutter erzählte.

Sobald der Kindergottesdienst zu Ende war, zerrte mich mein Freund in unser Haus und wies mich an, Papier und Buntstifte zu holen.

„Es muss gehandelt werden, und diesmal freundlich. Wir schreiben jetzt den verstockten Leuten freundliche Briefe. Und am nächsten Sonntag verteilen wir sie freundlich auf dem Friedhof", erklärte er dabei.

Und so saßen Nepomuk, Clemens und ich während der folgenden Woche in jeder freien Minute in unserem Kinderzimmer. Wir schnitten uns kleine Schreibblätter zurecht und schrieben. Ich versuchte, jeden meiner Briefe etwas anders zu formulieren, damit es mir nicht zu langweilig wurde. Clemens malte auf jeden Zettel ein feines Kreuz und schrieb daneben: Am Sonntag sollst du in die Kirche gehen!

Am Sonnabend wurde ich auserwählt, um bei meiner Mutter wegen unserer wichtigen Aufgabe eine Freistellung vom Kindergottesdienst zu erwirken. Es war jedoch ein Leichtes, meine Mutter für diese Idee zu begeistern, die Friedhofsbesucher am Sonntagmorgen in die Kirche einzuladen. Meine Eltern freuten sich sehr, dass wir missionarisch aktiv werden wollten.

Als am Sonntagmorgen die Glocken den letzten Gong vollendet hatten, holten wir unsere Briefe hervor und durchwanderten den Friedhof. Jedem fleißigen Grabgießer überreichten wir einen. Die meisten Leute waren so erstaunt, dass sie gar nichts sagten. Andere zerknüllten die Zettel oder gaben sie uns gleich zurück. Und einige beschimpften uns sogar, dass es uns gar nichts anginge, ob sie in die Kirche gingen oder nicht.

Nepomuk blickte bei all dem ständig hin und her und schien gar nicht richtig bei der Sache zu sein. Plötzlich stieß er einen kleinen Freudenjauchzer aus und schritt zielstrebig auf den Brunnen zu. Wir folgten ihm und sahen dort doch tatsächlich unseren Prachthintern stehen. Nepomuk trat auf die dazugehörige Dame zu und überreichte ihr einen besonders fein verpackten Brief. Sie öffnete ihn, wobei ihre Gesichtsfarbe immer dunkler wurde. Und dann ging ein Gewitter los.

Sie zerknüllte den Brief, warf ihn uns vor die Füße und beschimpfte uns mit so vielen schlimmen Worten, die ich euch auf gar keinen Fall aufschreiben möchte. Denn Kinderbücher sind dazu da, dass Kinder durch sie zu guten und ernsthaften Dingen erzogen werden und nicht, damit sie daraus schlimme Wörter lernen. Das seht ihr doch ein, auch wenn ihr vielleicht lieber schlimme Wörter als etwas Ernsthaftes lernen möchtet.

Nach dieser Schimpfkanonade ergriff die Hand des Prachthinterns beherzt die Gießkanne und wandte sich erneut der sinnvollen und so wichtigen Sonntagstätigkeit des Gräbergießens zu. Ich bückte mich ganz schnell und hob den weggeworfenen Brief auf. Darin las ich folgende Worte: „Du wirst bald tot sein. Dann hast du keine Kirsche mehr."

Recht hatte er, mein Freund Nepomuk.

Keiner von all denen, die wir so freundlich in die Kirche eingeladen hatten, ist jemals zu unseren Gottesdiensten erschienen. So konnten wir trotz unseres fleißigen Briefeschreibens und trotz unserer harten Schießübungen meinem Vater keine neuen Gottesdienstbesucher zuführen.

Nur ich profitierte von dem Schießtraining und wurde später beim Schützenfest in unserem Dorf der Schützenkönig.

WIE WIR VON UNSEREM GEMÜSEHÄNDLER BESCHENKT WURDEN

Unsere Regierung jagte mit ganzer Kraft dem Frieden nach. Deshalb vermied sie es, mit den Mächten des Imperialismus in Kontakt und den damit verbundenen Meinungsverschiedenheiten zu geraten. Und sie bemühte sich, so wenig wie möglich Handel mit diesen uns feindlich gesinnten, aggressiven Staaten zu betreiben. Um den Landes- und Weltfrieden zu erhalten, zog unsere Regierung es deshalb vor, unsere Bevölkerung vor Früchten zu schützen, die im Feindesland angebaut und gezüchtet worden waren, dazu noch von Bauern, die zu bequem waren, den Kapitalismus zu bekämpfen und zu vernichten. Stattdessen wurden wir mit den Erträgen der sozialistischen Planwirtschaft versorgt.

Da bisher nur wenige Länder aus Übersee von der sozialistischen Weltrevolution erfasst worden waren, fanden wir in unserem Obst- und Gemüseladen ein recht überschaubares Angebot an exotischen Früchten vor. Und dieses bestand aus Apfelsinen aus Kuba! In Kuba regierte ein kommunistischer Präsident namens Fidel Castro. Er regierte dort bereits schon, als meine Mutter noch ein Kind war. Deshalb sagte sie manchmal zu uns: „Einen Menschen gibt es auf der Welt, der wahrscheinlich jetzt schon das ewige Leben hat, das ist Fidel Castro."

Diese Apfelsinen wurden in der Bevölkerung „Castro-Kohlrabis" genannt. Nun dürft ihr euch dabei aber nicht solche Orangen vorstellen, wie ihr sie heute kennt. Sie einfach zu schälen und danach zu verspeisen war der falsche Weg, um ihre Vorzüge zu genießen. Man musste sie in der Mitte durchschneiden und mit großem Kraftaufwand ihren Saft auspressen. Dieser schmeckte zwar nicht nach Apfelsinen, aber er war flüssig und süß. Wir tranken ihn gern. Kam man jedoch auf die Idee, diese Apfelsinen so zu essen, wie man eigentlich Apfelsinen verspeist, dann brauchte man einen großen Spucknapf für die holzartigen Überreste. Ich glaube, diese konnten nicht mal die Regenwürmer in unserem Komposthaufen verdauen.

In der Adventszeit kam es manchmal vor, dass sich vor unserem Gemüseladen eine nicht enden wollende Schlange bildete. Es ist mir bis heute unerklärlich, woher plötzlich alle Leute wussten, dass es Bananen zu kaufen gab. Aber vielleicht stellten sich die Leute immer dann an, wenn sie vor irgendeinem Laden eine Schlange sahen. Dann musste man nämlich annehmen, dass es irgendetwas zu kaufen gab, was es normalerweise nicht gab.

Ich kann mir nicht vorstellen, dass wirklich alle Leute, die sich an einer Bananenschlange anstellten, wirklich so schrecklich gern Bananen aßen. Aber vielleicht schmeckten sie ihnen nur deshalb, weil sie so schwer zu bekommen waren. Oder man kaufte sie, damit man etwas zum Tauschen hatte. Man konnte sie in etwas eintauschen, das ebenso knapp war wie Bananen und das man unbedingt haben wollte, zum Beispiel Klopapier. Natürlich konnte man zum Abwischen auch Zeitungspapier nehmen, aber wenn man nicht gern Bananen aß, aber durch den Besitz von Bananen vielleicht in die Lage versetzt werden konnte, Klopapier zu erwerben, dann war man natürlich bereit, sich zwei bis drei Stunden am Gemüseladen anzustellen. Außerdem fand man dort viele Leute vor, mit denen man schon ins Geschäft kommen konnte, etwas für die zu erwerbenden Bananen einzutauschen.

Nun dürft ihr euch aber nicht vorstellen, dass jeder, der an die Theke des Gemüseladens trat, so viele Bananen kaufen konnte, wie er wollte. Nein, das ging auf keinen Fall! Ihr wisst ja bereits, wie lang die Warteschlange war. Wenn die ersten Käufer zu viele Bananen kauften, bekamen die Letzten gar keine mehr. Außerdem war unser Gemüseladen nur sehr klein. So viele Bananen, wie die Leute kaufen wollten, passten dort gar nicht hinein. Deshalb gab es natürlich ganz strenge Einkaufsregeln. Und damit diese von jedem verstanden wurden, waren sie klar und einfach: Jede Familie erhielt zwei Bananen. Und dabei spielte es keine Rolle, ob eine Familie nur ein Kind oder fünf Kinder hatte.

Als es wieder einmal Bananen gab, schickte meine Mutter mich und Clemens zum Gemüseladen und wir stellten uns ans Ende der Schlange. Da

Nepomuk gerade mit uns gespielt hatte, begleitete er uns. Wir schmiedeten dabei Pläne, was wir danach spielen könnten. So verging die Zeit im Fluge, und als wir an der Reihe waren, erhielten wir unsere zwei Bananen.

„Wir sind doch fünf Geschwister und Eltern haben wir auch noch!", erklärte ich dem Gemüsehändler.

Aber all das wusste der Gemüsehändler. Es gab kein Erbarmen. Zwei Bananen für eine Familie! Als wir bezahlt hatten, dachten wir, dass Nepomuk mit uns nach Hause ging. Aber er zauberte das nötige Kleingeld aus seiner Hosentasche und verlangte seine zwei Familienbananen. Er hatte noch einen älteren Bruder.

Wieder zu Hause lieferten wir bei unserer Mutter unsere zwei Bananen ab. Meine Mutter bereitete daraus ein leckeres Bananenmüsli, von dem jeder eine kleine Schüssel bekam, auch unser Freund Nepomuk.

Am nächsten Morgen berichtete uns unser Vater, dass er am Vorabend beim Abschließen der Haustür auf unserer Treppe zwei Bananen und einen kleinen Zettel gefunden hatte. Darauf stand: *„Diese Bananen wahren übrich im Gemüselaten. Ihr sollt sie krieken, weil ihr so viele Kinder seit."*

„Der Gemüsehändler hat wahrscheinlich eine Rechtschreibeschwäche", bemerkte mein Vater.

Aber mir kam diese Schrift irgendwie bekannt vor und mein Freund Nepomuk hatte bestimmt gedacht: Hier muss unbedingt gehandelt werden!

WIE WIR UNSEREM VATER VERSPROCHEN HATTEN, UNS UM SEINE KANINCHEN ZU KÜMMERN

Wie ihr nun bereits wisst, war das internationale Obst- und Gemüseangebot in unserem kleinen Gemüseladen recht überschaubar oder gar nicht zu erblicken. Auch der nationale Vorrat vitaminreicher Produkte ließ uns noch genügend Platz und Bewegungsfreiheit in ihm. Deshalb hatte sich meine Mutter dazu entschlossen, sich selbst um die Organisation derartiger Luxuswaren zu kümmern. Sie ackerte in unserem großen Gelände zwei Stück Land um und baute darauf alles an, was in unseren Breiten gedieh. Und je größer die

Familie wurde, desto mehr Land wurde urbar gemacht. Im Herbst halfen wir dann alle beim Ernten, Einwecken und Entsaften. Auch aus dem Wald wurde so manche Köstlichkeit herbeigeschafft: Himbeeren, Heidelbeeren, Brombeeren. Außerdem war mein Vater ein begeisterter Pilze-Sammler und -Kenner. Nicht selten kam irgendjemand, der meinen Vater zufällig mit dem Pilz-Korb getroffen hatte, besorgt zu meiner Mutter, um sie vor der Verwendung der „giftigen" Pilze, die der Herr Pfarrer gesammelt hatte, zu warnen. Aber Mutters Vertrauen in die Pilzkenntnisse ihres Mannes war unerschütterlich und sogar noch größer als sein eigenes.

Eines Tages brachte mein Vater wieder einmal zwei große Körbe voller Pilze nach Hause. Er stellte diese in unseren großen Flur und sauste zur nächsten Gemeindeveranstaltung, die er leiten musste. Meine Mutter stürzte sich unterdessen auf die reiche Pilz-Ausbeute und begann die Pilze zu putzen, zu waschen, zu schneiden und zu braten. Bald war ein leckeres Mahl daraus bereitet, das wir Jungen und drei unserer Cousinen, die gerade zu Gast bei uns waren, uns gut schmecken ließen. Zum Glück hatte meine Mutter noch eine große Portion für Vater zur Seite gestellt. Denn er sollte ja als fleißiger Sammler nicht leer ausgehen.

Als dieser nach seinem Dienst wieder zu uns zurückkehrte und sah, dass die Pilze schon verarbeitet und zum größten Teil bereits verspeist waren, geriet er in Panik. Er erklärte, dass er einige Pilze mit Hilfe des Pilzbuches noch einmal genauer hätte betrachten wollen, weil er sich nicht ganz sicher war, ob sie auch wirklich essbar waren. Für mich war diese Aufregung unverständlich, denn da wir die Pilze ja schon gegessen hatten, waren sie doch essbar gewesen. Außerdem hatten sie auch gut geschmeckt.

Doch um die Ruhe meines Vaters war es geschehen. Mutter musste eine große Kanne Muckefuck kochen, dem mein Vater noch mehrere Löffel Senf hinzufügte. Und dieses abscheuliche Gebräu sollten wir nun alle trinken. Nicht mal unseren Cousinen blieb dieses Schicksal erspart. So hielten wir uns alle die Nasen zu, während wir dieses Gesöff irgendwie hinunterwürgten. Diese Tortur sollte dem Zweck dienen, den Muckefuck wieder herauszukotzen und mit ihm auch all die Pilze, die wir gegessen hatten. Und wirklich, all die so mühevoll gesammelten und zubereiteten Pilze landeten schließlich in unserer Toilette. Fast alle, denn meiner Mutter gelang es, trotz größter Anstrengungen nicht zu brechen. Die Pilze blieben in ihrem Bauch und sogar auch der Senf-Muckefuck. Das konnte ich nun auch wieder nicht begreifen. Aber Mutter überlebte beides ohne die geringsten Beschwerden.

Ja, ihr seht, mein Vater war wirklich sehr besorgt um uns alle. Und fast genauso besorgt war er um seine Kaninchen. In unserem Schuppen unter unserem Heuboden befand sich auch ein kleiner Stall. In diesem wohnten die meisten unserer Kaninchen. Manchmal vermehrten sie sich aber so sehr, dass der Platz nicht ausreichte. Deshalb hatten wir hinter unserem Schuppen noch einen kleinen Stall gebaut, in dem die großen Rammler untergebracht waren. Mein Vater züchtete die Kaninchen nicht in erster Linie deshalb, weil er Tiere so gern hatte, sondern weil er besonders gern Kaninchenbraten aß. Und nach einiger Anleitung lernte er sogar, die Kaninchen auch selbst zu schlachten. Manchmal schauten wir Jungen dabei zu und durften ein bisschen helfen. Aber meine Mutter brachten keine zehn Pferde dazu, dieser traurigen Prozedur beizuwohnen. Erst wenn der Hase tatsächlich mausetot und ohne Fell auf ihrem Küchentisch lag, wurde sie aktiv. Dann wurde er gründlich gesäubert, mit Speck gespickt und gebraten. Das ergab für uns alle einen ganz besonderen Festschmaus, der außerdem noch mit Grünen Klößen serviert wurde.

Ihr wisst ja, dass mein Vater Pfarrer war. Er hatte immer sehr viel Arbeit in unserer Gemeinde. Und manchmal musste er auch auf eine Dienstreise fahren. Dann führte er zum Beispiel für einen Teil unserer Gemeinde in einer anderen Gegend der DDR eine sogenannte Rüstzeit durch. Dort wurde dann gemeinsam in der Bibel gelesen, gebetet, gesungen, gewandert, gespielt, gelacht, gekocht und natürlich auch gegessen. Meine Mutter und wir Jungen fuhren nur selten mit, da Mutter oft noch einen sehr kleinen Jungen zu versorgen hatte. Außerdem musste sie sich um den Garten kümmern und auch um Vaters Kaninchen.

Bevor unser Vater zu solch einer Reise aufbrach, mussten wir Jungen ihm versprechen, gut für seine Kaninchen zu sorgen. Das bedeutete, dass wir jeden Tag Grünzeug, vor allem Löwenzahn, auf unserer Wiese sammeln und an die Kaninchen verfüttern mussten. Wenn Nepomuk bei uns war - und das war er ja meistens - half er uns dabei. Und mir schien immer, dass ihm diese Arbeit, im Gegensatz zu mir, sogar Spaß machte. Am besten gefielen uns natürlich immer die kleinen Kaninchen. Mit ihnen spielten wir. Sie waren sehr

niedlich, und ihr Fell war ganz weich.

Leider trat im Verhalten der Kaninchen oftmals eine rätselhafte Gesetzmäßigkeit auf. Wenn mein Vater verreist war, verloren die Kaninchen den Appetit, vor allem die jungen. Zuerst schnupperten sie wenigstens noch an unserem Löwenzahn. Aber schon bald schien ihnen alles egal zu sein. Und obwohl sie nichts mehr fraßen, wurden ihre kleinen Bäuchlein immer dicker. Sie bekamen Blähungen. Und manchmal starben sie daran. In einem Jahr war es so schlimm, dass bis auf zwei alle jungen Kaninchen starben.

Immer wenn wir in unserem Garten ein totes Tier fanden, spielten wir Beerdigung. In einer Ecke unseres Geländes schaufelten wir ein kleines Grab. Dann holten wir von meiner Mutter eine kleine Pappkiste, in die wir das tote Tier legten. Clemens durfte fast immer der Pfarrer sein, weil er so schwarze Haare wie unser Vater hat und schon als kleiner Junge sehr würdig aussah. Unserem Trauerzug voran schritt einer meiner kleineren Brüder. Er trug ein kleines Holzkreuz. Ihm folgte der Herr Pfarrer. Danach gingen Nepomuk und ich. Wir trugen den Sarg, weil wir die Größten waren. Und uns schlossen sich dann alle Kinder an, die gerade in unserem Gelände waren. Unsere Prozession drehte dann ein paar feierliche Runden bis zur Grabstelle. Dort wurde der kleine Sarg in die Tiefe gelassen und der Pfarrer hielt noch eine Beerdigungsrede, bei der er alle zu trösten versuchte und erklärte, wie schön es der kleine Vogel oder der Maulwurf bald im Himmel haben würden. Und nachdem das Grab zugeschaufelt und das kleine Kreuz darauf gestellt war, sangen wir noch ein sehr trauriges Lied, zum Beispiel „Von all unsern Kameraden" oder „Es waren zwei Königskinder".

Auch unsere kleinen Kaninchen beerdigten wir auf diese Weise, aber bereits nach dem zweiten Todesfall hatten wir keinen Spaß mehr daran. An dem Tag, als nur noch zwei der kleinen Kaninchen am Leben waren und wir mit Nepomuk auf die Wiese gingen, um Futter zu sammeln, fing Clemens plötzlich an zu weinen.

Und es war nur eine Sache von Sekunden, dass auch wir anderen Brüder in Tränen ausbrachen. Nepomuk stand zwischen uns und plötzlich stampfte er mit dem Fuß auf die Wiese, schaute mich an und rief mit einer zu allem entschlossenen Verzweiflung in der Stimme: „Hier muss unbedingt gehandelt werden!" Dann schmiss er den Futterkorb von sich und rannte davon.

Nur mit größter Anstrengung schafften wir es, noch ein bisschen Futter zu sammeln, aber das Füttern vergaßen wir an diesem Nachmittag gänzlich. Ich hoffte und wartete, dass Nepomuk zurückkehrte, um mir mitzuteilen, wie wir Vaters Kaninchen wieder zum Leben erwecken könnten. Aber er kam nicht. Er kam an diesem Nachmittag überhaupt nicht mehr.

Am nächsten Morgen vor der Schule klingelte Nepomuk wie üblich an unserer Haustür, um mich zur Schule abzuholen. Er war bestens gelaunt und verkündete: „Felix, heute wird ein Wunder geschehen!"

Meine Mutter hatte uns im Kindergottesdienst viele Geschichten erzählt, in denen Jesus Wunder getan hatte. Er hatte viele kranke Leute gesund gemacht, sogar ein Blinder konnte wieder sehen und einer, der immer gelähmt in seinem Bett gelegen hatte, sprang plötzlich wieder herum. Und manchmal hatte er sogar Tote wieder lebendig gemacht, zum Beispiel ein kleines Mädchen, dessen Eltern furchtbar geheult hatten, weil ihr einziges Kind gestorben war. Und als Jesus es wieder lebendig gemacht hatte, freuten sie sich so sehr, dass sie glatt vergaßen, ihm was zu essen zu geben. Das musste er ihnen dann erst sagen. Vielleicht hatte das Mädchen auch so schlimmes Bauchweh gehabt wie unsere Kaninchen, und dann war es gestorben.

All diese Gedanken gingen mir, während wir zur Schule liefen, durch den Kopf. Und ich stellte mir sehnsüchtig vor, wie Nepomuk für so ein Wunder sorgen würde, dass auch unsere Kaninchen wieder aus ihren Gräbern heraushopsen würden.

Während des Unterrichts dachte ich nur an unsere Kaninchen. Und als die Schule zu Ende war, stolperte ich traurig nach Hause. Nicht einmal Nepomuks gute Laune konnte meine Traurigkeit vertreiben. Nachdem wir Mittag gegessen und ich lange genug in meinem Essen herumgestochert hatte, bat Nepomuk meine Mutter um einen Pappkarton.

Wie ihr bereits wisst, hob meine Mutter auf unserem großen Boden alles auf, was man irgendeinmal gebrauchen könnte. Ein Karton war also schnell herbeigeschafft. Meine Mutter fragte nicht, was wir damit vorhatten. Vielleicht dachte sie, dass wir ihn schon wieder für eine Beerdigung brauchten. Wahrscheinlich hatte sie gar keine Lust mehr, über die schreckliche Epidemie zu sprechen, die unter unseren Häschen wütete.

Nepomuk winkte Clemens und mir, ihm zu folgen. Wir gingen in unseren

Schuppen und holten unseren kleinen Leiterwagen, in den wir die Pappkiste stellten. Dann zogen mein Bruder und ich den Wagen, vor uns marschierte Nepomuk wie ein siegesbewusster Feldherr. Nachdem wir ein Stück auf unserer Dorfstraße zurückgelegt hatten, blieb Nepomuk stehen und zog bedächtig aus seinen Hosentaschen zwei blaue Pionierhalstücher hervor, welche er uns mit folgenden Worten entgegenstreckte: „Heute müsst ihr mal Pioniere sein und die umbinden!"

Clemens und ich wussten gar nicht so richtig, wie wir das anstellen sollten, aber Nepomuk half uns und am Ende sah Clemens wirklich wie ein echter Pionier aus mit einem schicken Pionierknoten in seinem Halstuch. Ob das bei mir auch der Fall war, kann ich euch nicht sagen, denn ich konnte mich ja nicht sehen. Doch Nepomuk steuerte sichtlich zufrieden und zielsicher auf einen großen Bauernhof zu, wir ihm etwas kleinlaut hinterher. Er öffnete das große Tor, durch das wir, unseren kleinen Leiterwagen hinter uns herziehend, schritten.

Nun standen wir auf einem großen Hof. Vor uns sahen wir verschiedene Wagen und Gartengeräte. Neben einem Stall war eine kleine Hundehütte, vor der ein hübscher Schäferhund an der Leine lag. Als er uns sah, knurrte er nur ein bisschen, um dann aber schon bald erwartungsvoll mit seinem Schwanz zu wedeln. Nepomuk hatte jedoch kein Auge für ihn. Er ging zu dem Bauernhaus und klingelte an der Haustür. Nach einer Weile wurde diese von einer alten Bäuerin geöffnet. Sie trug um ihren Kopf ein braunes Kopftuch und über ihrem kleinen Kugelbauch eine blaue Schürze mit weißen Pünktchen. Ob sie auch Bauchweh hatte?

„Ihr wollt wohl Altpapier holen?", fragte sie und lachte uns freundlich an.

„Nein, heute nicht", erwiderte Nepomuk. Und er fügte hinzu: „Wir haben einen anderen Pionierauftrag. Wir sollen bei den Bauern junge Kaninchen holen. Und die sollen wir dann im Heimatkundeunterricht versorgen und großziehen. Das sollen wir nämlich üben, damit wir später auch gute Bauern werden."

Zuerst schaute uns die Bäuerin ein bisschen ungläubig an, doch dann dachte sie sich bestimmt, dass wir Pioniere ja schließlich die zukünftigen Erbauer des Sozialismus und des Arbeiter- und Bauernstaates werden würden. Und gegen den Sozialismus kann man ja wirklich nichts einwenden. Deshalb hat-

te wahrscheinlich auch fast niemand gewagt, etwas gegen ihn einzuwenden. Die Bäuerin zog ihre Holzpantoffeln an, strich ihre noch etwas nassen Hände an ihrer Schürze trocken und schlurfte über den Hof. Wir folgten ihr mit etwas Abstand und standen bald vor einem riesigen Kaninchenstall, in dem bestimmt hundert Kaninchen wohnten.
„Versorgt ihr die Häschen auch gut?", fragte sie.
Alle drei nickten wir begeistert. Denn Clemens und mir war längst klar geworden, zu welchem Zweck wir heute Pioniere sein mussten. Und um unserem Vater die Trauer über die verlorenen Kaninchen zu ersparen, nahmen wir diese Rolle vorübergehend mit Freuden an.
„Ihr dürft ihnen auch kein feuchtes oder nasses Gras geben. Davon werden sie nämlich krank. Dann bekommen sie schlimme Blähungen. Das sieht man dann an ihren dicken Bäuchlein. Und manchmal sterben sie sogar daran. Und Hahnenfuß dürft ihr ihnen auch nicht geben. Das sind die gelben Butterblumen. Die sind giftig. Und natürlich müsst ihr aller paar Tage den Stall saubermachen. Habt ihr überhaupt einen Stall?"
„Ja, den haben wir längst!" antwortete ich wahrheitsgetreu.
Die Bäuerin war zufrieden. Sie öffnete den Stall und legte jedem von uns ein kleines kuschelweiches Kaninchen in unsere aufgehaltenen Hände. Clemens und ich bekamen jeder ein braunes und Nepomuk ein tiefschwarzes. Als wir sie in unsere Kiste legen wollten, brachte die Bäuerin noch eine große Handvoll Heu, worauf wir die Kleinen setzen konnten. Bevor wir uns dankbar verabschiedeten, nannte uns die gute Frau noch die Adressen von zwei anderen Bauern, die viele Kaninchen züchteten.
„Und versorgt sie wirklich gut!", rief sie uns noch zu, als wir wieder durch das Tor auf die Straße traten.
Überglücklich und dankbar zogen wir weiter. Und am Ende unserer Wanderung hatten wir sieben kleine Kaninchen geschenkt bekommen. Diese brachten wir nach Hause und setzten sie in die Ställe zu den armen Müttern, deren Kinder gestorben waren. Zuerst schnupperten die Mamas ein bisschen an den Neuankömmlingen herum, doch bald schienen sie zufrieden zu sein. Nach einer Weile, in der wir die neuen Häschen betrachtet hatten, stellte Clemens plötzlich traurig fest: „Aber es sind doch noch viel mehr gestorben, als wir jetzt bekommen haben!"

Doch Nepomuk zögerte nicht lange, uns eine weitere Freudenbotschaft zu verkünden.

„Ich habe doch gestern Nachmittag schon viele gesammelt. Und die holen wir jetzt."

Wir schrien vor Freude und Begeisterung und rasten los wie wilde Indianer und nicht wie wohlerzogene Pioniere. Und tatsächlich fanden wir neben dem Haus, in dem auch Nepomuk wohnte, unter einem Holzstapel eine Kiste mit acht Kaninchen. Selten bin ich so glücklich wie an diesem Abend in mein Bett gekrochen und fand es beinahe schön, Pionier gewesen zu sein.

Einige Tage später kehrte mein Vater wieder von seiner Rüstzeit nach Hause zurück. Nachdem er uns alle begrüßt hatte, sauste er natürlich gleich zu seinen Kaninchen. Wir folgten ihm mit pochenden Herzen. Doch Vater war zufrieden mit dem, was er vorfand. Er dankte uns, dass wir seine Kaninchen so gut versorgt und sogar die Ställe ausgemistet hatten. Nur ganz kurz wunderte er sich ein bisschen: „Ich habe gar nicht gedacht, dass Kaninchen manchmal die Farbe ihres Felles so schnell wechseln können."

Dass sich unter den kleinen Kaninchen ein Kaninchen mehr als vor seiner Abreise befand, bemerkte er zum Glück nicht. Aber diese Tatsache war doch auf alle Fälle besser als die vielen Kaninchengräber auf unserem Tierfriedhof.

Clemens und ich beherzigten alles, was uns die freundliche Bäuerin erklärt hatte. Und nie wieder ist unter unserer Pflege ein Kaninchen gestorben.

Wie sich jedoch meine Mutter den plötzlichen und glücklichen Zuwachs unserer Kaninchenschar erklärte, weiß ich bis zum heutigen Tage nicht. Aus ihren Augen schwand genauso wie aus den unsrigen die Traurigkeit über das Hasensterben. Sie hatte keine Angst mehr, zu ihnen zu gehen und sie zu füttern. Manchmal denke ich, dass sie gebetet hat, dass Jesus ein Wunder tut und die kleinen Häschen wieder ersetzt. Und das hat er ja schließlich auch wirklich getan. Und wir Pioniere durften ihm dabei ein bisschen helfen.

WIE AUS MIR BEINAHE EIN MILITARIST GEWORDEN WÄRE

Mein Vater war ein sehr friedliebender Mensch. Das merkten wir fast jeden Tag, wenn er zu uns ins Kinderzimmer kam und das Lied anstimmte: „Siehe, wie fein und wie lieblich ist's, wenn Brüder in Einheit zusammen sind." Aber manchmal half auch dieses Friedenslied nicht, um den Frieden zwischen uns Brüdern wiederherzustellen. Dann sagte er stets: „Na, dann müsst ihr eben machen, was ihr wollt!" Und er schloss die Tür zum Kinderzimmer. Wir Brüder saßen oder standen nun in demselben und sollten machen, was wir wollten. Es gab für uns keine schlimmere Strafe als diese. Machen zu sollen, was man will, war einfach nur zum Heulen.
„Wir wollen aber nicht machen, was wir wollen!", riefen wir.
Auf diese Weise gelang es unserem Vater meist sehr schnell, den Frieden im Hause wieder herzustellen.
Doch ebenso sehr wie um den Frieden unter dem eigenen Dach war er um den Frieden in der Welt besorgt. Deshalb bekam er auch manchmal Besuch, den er jedoch, was sonst gar nicht seine Art war, niemals in unserem Haus, sondern nur auf unserer Gartenbank empfing. Und dieser Besuch diskutierte jedes Mal sehr lange mit unserem Vater, weil dieser angeblich die Wehrkraft unserer Nationalen Volksarmee zersetzen würde. Und das, obwohl mein Vater auf einem großen Tisch in unserer Kirche Spielzeugpanzer und -soldaten aufgebaut hatte. Ebenso konnte man sich dort Bilderbücher und Quartetts anschauen mit russischen Militärfahrzeugen und Kriegsraketen und all solchen Dingen. Und daneben hatte mein Vater ein großes Schild aufgestellt, auf dem stand geschrieben: „Erziehung zum Frieden."
In der Schule erzählten uns die Lehrer oft, dass es in Westdeutschland Imperialisten und Militaristen gibt, die unsere Republik mit ihren Waffen angreifen wollen. Einmal war sogar ein Offizier der NVA in unsere Klasse gekommen. Und er bereitete uns Jungen darauf vor, dass auch wir später einmal Soldaten werden würden und dass es für uns eine große Ehre sein wird, wenn wir unsere Republik mit der Waffe in der Hand verteidigen und vor den bösen Imperialisten schützen dürfen. Daraufhin meldete ich mich.
„Krieg ist doof", sagte ich.
Damit schien der Offizier nicht einverstanden zu sein und stellte mich vor die

Tür. Dort musste ich warten, bis die Schulstunde zu Ende war.
Als ich mittags nach Hause kam, fragte mich meine Mutter, wie sie es immer tat, nach allem, was in der Schule passiert war. So erfuhr sie auch von dem Besuch des Offiziers und meinem Vor-der-Tür-stehen-müssen. Das erzählte sie beim Mittagessen natürlich sofort unserem Vater. Und ehe wir uns versahen, sauste dieser in die Schule und beschwerte sich beim Schuldirektor darüber, dass sein Sohn vor die Tür gestellt worden war, nur weil er gegen Waffen und für den Frieden wäre. Er hatte vorsorglich ein Exemplar „Neues Deutschland" mitgenommen. Das war das sogenannte Zentralorgan der SED, eine Zeitung, die jeden Tag erschien und die Bevölkerung täglich daran erinnerte, wie dankbar sie sein kann, in der DDR leben zu dürfen und nicht in der ungerechten und imperialistischen Gesellschaft des Teiles von Deutschland, der sich BRD nannte. Und aus dieser Zeitung las mein Vater dem Direktor einige Abschnitte vor, in denen erklärt wurde, dass es in einem zukünftigen Krieg schwere Verluste und keine Sieger geben würde.
Ja, manchmal standen sogar solch vernünftige Sätze im „Neuen Deutschland". Und der Direktor entschuldigte sich daraufhin sogar bei meinem Vater, dass ich so streng behandelt worden war.
So wichtig war meinem Vater also der Frieden. Er selbst war auch nie als Soldat bei der Volksarmee gewesen. In der DDR gab es für junge Männer, die Christen waren, die Möglichkeit, zu den Bausoldaten zu gehen. Dort durften sie die Republik mit dem Spaten verteidigen, das heißt, sie mussten Gräben und alles Mögliche bauen, was die Soldaten brauchten. Wer aber auch das nicht wollte, kam vor ein DDR-Gericht, was fast immer dazu führte, dass der Armee-Verweigerer ein bis zwei Jahre im Gefängnis verbringen musste. Und die DDR-Gefängnisse waren nicht so feine Hotels wie die heutigen Gefängnisse, in denen man fernsehen, lesen, Sport treiben und vielen Hobbys nachgehen kann.
Aber mein Vater wurde nicht mal zu den Bausoldaten geholt. Vielleicht hatten sie ihn vergessen oder ihnen war seine Friedensliebe zu anstrengend.
Wie ihr wisst, hatten wir auf unserem Grundstück diese alte, große Scheune. Und nicht weit entfernt vom Eingangstor in unseren Hof stand ein ganz altes, halb eingefallenes Haus, in dem niemand mehr wohnte. In diesen alten Gebäuden spielte ich oft mit meinen Brüdern und Freunden, am meisten

natürlich mit Nepomuk.

Einige Tage nach dem Besuch des Offiziers in unserer Schule sagte Nepomuk zu mir: „Wir müssten eigentlich schon ein bisschen üben."

„Was müssen wir üben?", fragte ich.

„Na, das Schießen, damit wir die bösen Imperialisten verjagen können!", erwiderte er, als wäre das das Selbstverständlichste auf der Welt.

„Womit sollen wir denn schießen?", fragte ich zurück.

„Das ist es ja eben", stellte Nepomuk mit ernster Miene fest. „Wir brauchen Waffen!"

„Waffen?", entfuhr es mir.

„Ja, genau das!", entgegnete er und fuhr fort: „Du hast doch gehört, was der Offizier erzählt hat, dass wir bedroht werden und unser Vaterland verteidigen müssen."

Nepomuk schien vergessen zu haben, dass ich nicht viel von den Ausführungen des Offiziers mitgekriegt hatte, da ich ja vor der Tür hatte stehen müssen.

„Und wo wollen wir üben?", fragte ich Nepomuk.

„Na, in der Scheune oder im alten Frisör!" (Der „alte Frisör" war das alte zerfallene Haus. Wir nannten es so, weil sich ein Frisörladen in ihm befunden hatte, als es noch nicht ganz so baufällig gewesen war. Aber heute muss ich schon zugeben, dass all die Damen und Herren, die sich in diesem Laden frisieren ließen, schon sehr viel Mut hatten. Auf jeden Fall war ihnen ihre Schönheit wichtiger als ihr Leben.)

Nepomuk redete und redete. Er legte eine Wortgewalt an den Tag, wie ich sie selten bei ihm erlebt hatte. Und tatsächlich gelang es ihm, mich von der Wichtigkeit der Verteidigung unserer Heimat zu überzeugen, meine Sparbüchse zu öffnen, zu entleeren und mit ihm in unseren Spielzeugladen zu gehen. Dort wollten wir nun Waffen kaufen. Wir wussten, dass es dort Schwerter, Dolche und Tomahawks aus Plaste gab. Und es gab außerdem wunderschöne hellblaue Wasserspritzpistolen. Ich hatte gedacht, dass Nepomuk jetzt für sich und für mich je eine Spielzeugpistole kaufen würde. Aber nein, er kaufte neun Pistolen, denn genau für neun reichten meine Ersparnisse.

„Wozu brauchen wir denn so viele?", fragte ich ihn, als wir mit unserem Großeinkauf nach Hause eilten.

„Für unser Waffenlager!", erklärte er mir sachkundig.

„Und wo ist unser Waffenlager?", wollte ich wissen. Ich erhielt jedoch keine Antwort, sondern folgte Nepomuk, der zielstrebig in unserem Schuppen verschwand und behände die Treppe zu unserem Heuboden hochstieg. Oben angekommen wurden die Waffen in der äußersten Ecke unter einem großen Haufen Heu versteckt. Dann begaben wir uns wieder in unseren Garten und spielten mit den anderen.

Da lagen sie nun - unsere Waffen - gut aufgehoben in unserem Waffenlager. Die Tage vergingen. Ab und zu dachte ich an sie und an mein gespartes Geld. Aber mit Nepomuk sprach ich nicht mehr darüber. Aus den Tagen wurden Wochen. Und wahrscheinlich dachte mein Freund überhaupt nicht mehr an seine wichtige Aufgabe, sich auf die Verteidigung unserer Republik vorzubereiten.

In der Schule sangen wir jeden Morgen vor der ersten Unterrichtsstunde ein Lied. Als wir eines schönen Tages das Lied „Mein Bruder ist Soldat" gesungen und uns wieder auf unsere Plätze gesetzt hatten, stieß mich Nepomuk mit dem Ellenbogen in die Seite.

„Unser Waffenlager!", flüsterte er mir aufgeregt ins Ohr.

Nachdem wir mittags bei uns zu Hause gegessen hatten, packte mich mein Freund, raste mit mir auf den Heuboden und stürzte zu dem Heuhaufen, unter dem wir unsere Waffen gelagert hatten. Aber so sehr wir auch das Heu durchsuchten, nicht der kleinste Schimmer auch nur einer unserer neun hellblauen Spielzeugpistolen war zu erblicken. Wir wühlten das Heu von oben nach unten und umgekehrt. Wir lagerten es von rechts nach links und zurück. Nichts war zu finden, was unsere Freude hervorgerufen hätte. Nepomuk schnaufte.

„Das waren die bösen Imperialisten!", stieß er hervor.

„Aber wir hätten vielleicht schon viel eher mit dem Üben anfangen sollen", erlaubte ich mir zu bemerken.

Doch Nepomuk hörte auf nichts und war sehr aufgebracht. All unser Kummer nützte nichts. Die Pistolen waren verschwunden. Ich trauerte vor allem meinen Ersparnissen nach. Ich hatte nämlich auf einen Kilometerzähler für mein Fahrrad gespart.

An diesem Nachmittag war mit Nepomuk nichts anzufangen. Nicht einmal mit dem Vorschlag, ein Lagerfeuer zu machen, konnte ich ihn aufheitern. Insgeheim wartete ich auf den Satz: Felix, hier muss unbedingt gehandelt werden! Doch nichts dergleichen war von ihm zu vernehmen. Er saß nur finster dreinblickend und grübelnd auf unserer Wiese. Und am Abend ging er sogar vor unserem Abendbrot nach Hause.

Einige Tage später sagte mein Vater nach dem Abendessen zu mir: „Felix, du kommst jetzt mit mir in die Stube!"

Ich konnte mich nicht erinnern, jemals eine derartige Aufforderung von meinem Vater erhalten zu haben, dazu noch in solch ernstem Ton. Mir wurde ein bisschen schlecht und ich folgte ihm kleinlaut in die Stube. Dann eröffnete mein Vater das Gespräch.

„Felix, ich bin sehr traurig. Als ich für die Kaninchen Heu vom Heuboden geholt habe, fand ich etwas, was mir nicht gefallen hat, und ich möchte dich fragen, ob du eine Ahnung hast, was das sein könnte."

Mir wurde auch gleich ganz traurig ums Herz, vor allem deshalb, weil mein Vater so traurig war. Er war eigentlich ein sehr fröhlicher Mann, der in unserer Familie immer für Späße und gute Laune sorgte. Ich hatte ihn sehr lieb und wollte nicht daran schuld sein, dass er traurig ist. So begann ich, unwillkürlich zu weinen.

„Hast du etwas auf dem Heuboden versteckt?", fragte er nun.

„Ja", schluchzte ich.

„Und was?", bohrte er weiter.

„Spritzpistolen", fuhr ich fort.

„Wozu brauchst du denn so etwas?", wollte er wissen.

Und dann erklärte ich ihm, dass wir in unserer Scheune üben wollten, um später die Imperialisten und Militaristen aus dem Westen zu verjagen, weil sie uns ja angreifen wollen. Und deshalb müssten wir ja bereit sein, unsere Republik zu verteidigen. Und deshalb müssten wir ja jetzt schon das Schießen üben.

Doch all meine Erklärungen brachten meinem Vater nicht die gute Laune zurück. Traurig saß er auf seinem Stuhl und erklärte mir, dass auf der Erde nur Frieden werden könnte, wenn die Menschen die Waffen niederlegen und auch keine neuen Waffen mehr herstellen würden. Und er fügte noch hinzu, dass Gott möchte, dass die Schwerter zu Pflugscharen umgebaut werden. Und das würde für uns heute bedeuten, dass das Geld, das man für die Produktion von Waffen verwenden will, stattdessen genutzt werden sollte, um den Menschen Geräte und Maschinen zu bauen, mit denen sie leichter ihre Felder bestellen und sich besser ernähren könnten. Oder dass man ihnen zum Beispiel in Afrika Brunnen baut, damit sie sauberes Trinkwasser haben. So redete mein Vater lange mit mir und alles, was er sagte, leuchtete mir ein. Ich verstand sehr gut, was er meinte.

Ja, er war wirklich sehr friedliebend. Aber trotz allen Redens und Erklärens sah mein Vater noch immer sehr traurig aus. Und so saßen wir beide geknickt auf unseren Stühlen. Und auch der Gedanke, dass unsere Waffen nicht in die Hände des Feindes geraten waren, munterte mich nicht auf. Als Letztes sagte mein Vater: „Ich dachte, es würde mir gelingen, euch so zu erziehen, dass auch ihr Waffen verabscheut und Lösungen für Konflikte nicht durch Gewalt sucht. Wenn ein Mensch die Militaristen bekämpfen will, darf er nicht selbst zu Waffen greifen, denn sonst wird er doch selbst zu einem Militaristen."

So hatte ich die Sache noch gar nicht gesehen, doch auch das leuchtete mir ein. Und ich wurde sehr traurig über mich, dass ich nun beinahe selbst zu einem Militaristen geworden wäre. Dann entließ mich mein Vater mit einem noch immer traurigen Gesicht.

Am nächsten Morgen erzählte ich Nepomuk, dass mein Vater derjenige war, der unsere Pistolen gefunden und weggeräumt hatte.

„Na, dann haben sie wenigstens nicht die Feinde!", meinte er erleichtert.

Und dann berichtete ich Nepomuk ausführlich von der Unterredung mit meinem Vater und davon, wie traurig er über mich ist.

Als wir nach der Schule zum Mittagessen nach Hause kamen, sah es Nepomuk mit eigenen Augen. Traurig saß mein Vater auf seinem Platz und aß etwas appetitlos sein Essen. So ging das einige Tage. Uns verging die Freude am Spielen und Herumtollen. Meist saßen wir irgendwo herum und schnitzten ein Rindenboot nach dem anderen. Mit dieser Regatta hätten wir längst die größten Seeschlachten der Geschichte nachspielen können. Aber in unseren Köpfen kreisten andere Gedanken. Wie konnten wir den an uns haftenden Ruf, Militaristen zu sein, wieder von uns abschütteln? Und was noch wichtiger war: Wie konnten wir meinen Vater wieder fröhlich stimmen?

Eines Nachmittags brach Nepomuk endlich das Schweigen und sagte fest entschlossen: „Felix, hier muss unbedingt gehandelt werden!"

Vor Schreck und Überraschung schnitt ich mich beim Schnitzen in den Fin-

ger. Doch es schmerzte überhaupt nicht. Vielmehr tat mein Herz einen Freudensprung. Schnell suchte ich ein langes Blatt vom Spitzwegerich und band es um meinen blutenden Finger. (Von unserer Mutter hatten wir gelernt, dass Spitzwegerich Blut stillt und auch hilft, dass die Wunde schneller heilt. So sparten wir Pflaster, und alle Wunden heilten schnell wieder zu.)
Danach wartete ich gespannt auf weitere Anweisungen von Nepomuk, erhielt jedoch keine. Er stand nur auf und ging immer wieder auf unserer Wiese auf und ab. Ich sah ihm an, dass er angestrengt nachdachte, und wollte ihn nicht stören. Aber ich war mir jetzt sicher, dass alles wieder gut werden würde.
Als wir am nächsten Mittag bei uns in der Küche am großen Esstisch saßen, war es Nepomuk, der in seinem Essen herumstocherte und es ihm überhaupt nicht zu schmecken schien. Da meine Mutter solch ein Verhalten meines Freundes überhaupt nicht gewöhnt war und bereits bei der Zubereitung der Speisen voll und ganz seinen gesunden Appetit mit einplante, bemerkte sie natürlich sofort, dass irgendetwas nicht stimmte.
„Ist dir nicht gut, Nepomuk?", fragte sie ihn deshalb.
Da nahm Nepomuk all seinen Mut zusammen und sagte zu meinem Vater: „Ich bitte um einen Termin."
Daraufhin sah ich meinen Vater nach vielen Tagen endlich einmal wieder lächeln. Er stand sofort auf, obwohl er noch gar nicht aufgegessen hatte, und verließ mit Nepomuk die Küche. Mein eigener, meist sowieso schon geringer Appetit war nun vollends vergangen. Und nun tat mir auch noch meine Mutter leid, die sich immer so viel Mühe mit dem Kochen machte.
Nach einer langen Unterredung kamen mein Vater und Nepomuk zu uns ins Kinderzimmer. Mein Vater nickte mir zu, nahm mich an der Hand und ging mit mir und Nepomuk die Treppe hinunter. In der anderen Hand trug er einen Beutel. Auf dem Hof angekommen, lenkte er seine Schritte zu unserem Hoftor. Wir folgten ihm schweigend. Neben dem Tor stand unsere große Mülltonne. Mein Vater öffnete ihren Deckel. Dann hielt er uns den mitgebrachten Beutel unter die Nase. Und in diesem befanden sich, wie euch bestimmt längst klar ist, neun nagelneue hellblaue Wasserspritzpistolen. Nepomuk griff zuerst zu, nahm eine Pistole aus dem Beutel und warf sie in die Mülltonne. Er nickte mir zu, ich nahm die Nächste und warf sie hinterher. So ging es weiter, bis Nepomuk die letzte unserer himmelblauen Wasserspritz-

pistolen in unsere Mülltonne geworfen hatte. Und mit jedem Wurf wurde mein Herz ein bisschen leichter. Nepomuk hatte fünfmal und ich viermal geworfen. Nun war der Beutel in den Händen meines Vaters leer.
Bei alledem hatten wir kein Wort miteinander gesprochen. Mein Vater entließ uns und wir gingen wieder fröhlicher unseren Spielen nach. Aber mir war noch immer etwas traurig zumute.
„Was hast du eigentlich meinem Vater erzählt?", fragte ich Nepomuk nach einiger Zeit.
„Na ja, dass du kein Militarist bist und dass ich auf den Offizier gehört habe und ganz schön blöd war", antwortete er.
„Und was hat mein Vater erzählt?", wollte ich weiter wissen.
„Er hat von seinem Vater erzählt, der im Krieg ausgerissen ist, weil der Krieg eben so schlimm war. Und die Hitlerleute haben ihn dann erwischt und beinahe erschossen. Aber zum Glück hat Gott ihn dann gerettet. Und wenn der das nicht gemacht hätte, wäre dein Vater gar nicht geboren worden und dann wärst auch du nicht da, und du wärst dann auch nicht mein Freund. Und dann hat er noch gesagt, dass wir aus Schwertern einen Pflug bauen sollen. Aber wir haben doch gar keine Schwerter."
So lange hintereinander hatte Nepomuk selten gesprochen, aber er war sichtlich beeindruckt von dem Gespräch mit meinem Vater.
Am Abend dieses Tages kam mein Vater vor dem Einschlafen noch mal an mein Bett und drückte mich.
„Ich weiß, dass du kein Militarist bist. Und ich habe dich sehr lieb", sagte er. Und dann beteten wir noch zusammen. Mein Vater betete um Frieden für diese Welt und in unserer Familie. Und ich betete, dass Gott mir helfen soll, besser zu merken, ob das, was ich machen will, richtig oder verkehrt ist. Und dann betete ich noch, dass Gott meinen Vater doch bitte wieder richtig fröhlich machen soll. Nachdem wir „Amen" gesagt hatten, blinzelte mein Vater mir schelmisch zu. Und mit einem fröhlichen Lächeln wünschte er uns „Gute Nacht!"

WIE ES UNS GELANG, DIE WAHLSCHLEPPER ZU TRÖSTEN

Wenn das Wetter schön war und mein Vater keinen Dienst hatte, gingen wir alle miteinander auf Wanderschaft, am liebsten in unsere schöne Sächsische Schweiz. Als wir noch nicht im Besitz unseres flotten Trabant Kombi waren, fuhren wir mit der Deutschen Reichsbahn dorthin. Diese Wandertage sind mir bis heute als ganz besonders fröhliche Tage im Gedächtnis geblieben.

Aber ab und zu gab es auch Wandertage, die nicht so fröhlich, sondern die mir irgendwie bedrückend erschienen waren. Sie wurden jedes Mal schon mehrere Tage vorher festgesetzt, und zwar unumstößlich. Auf das Wetter wurde dabei nur im Blick auf die notwendige Kleidung Rücksicht genommen, das heißt, es ging auch dann auf Wanderschaft, wenn es wie aus Eimern goss oder Hagelkörner hernieder prasselten. Und diese besonderen Wandertage fielen stets auf die Wahlsonntage.

Was eine Wahl ist, muss ich euch ja nicht zu ausführlich erklären. Da werden eure Schulen oder andere öffentliche Gebäude für einen Tag in Wahllokale verwandelt. Und alle Bürger des Landes, die das achtzehnte Lebensjahr erreicht haben oder bereits noch älter sind, dürfen dort hineingehen, hinter einer Wahlkabine verschwinden, wo sie in Ruhe eine oder mehrere lange Listen studieren können. Auf diesen stehen nämlich viele Namen von Frauen und Männern unseres Landes, die meist auch Mitglieder irgendeiner Partei und bereit sind, sich für das Wohl des Volkes einzusetzen. Alle diese Leute bezeichnet man als Kandidaten, die bereit sind, sich der Wahl zu stellen.

Und diejenigen, die man nett findet und denen man es zutraut, die Zustände in unserem Land zu verbessern, darf man mit einem Stift ankreuzen. Dann faltet man die Liste wieder zusammen und verlässt die Wahlkabine. Die Liste steckt man dann in eine große Kiste, die sogenannte Wahlurne. Und wer keine Lust hat, zu der Wahl zu gehen, weil er lieber den ganzen Sonntag im Bett bleiben will oder weil er all diese Kandidaten ziemlich doof findet, der geht eben einfach nicht zur Wahl.

In der DDR jedoch verlief so eine Wahl völlig anders. Schon viele Wochen vorher sah man zwischen all den anderen Plakaten, die die grauen Fassaden der Betriebe, Schulen und Läden verschönern sollten, die Aufforderung: „Wählt die Kandidaten der Nationalen Front!"

Die „Nationale Front" war eine ganz besondere Erfindung der Regierung der DDR. Diese wollte nämlich auf keinen Fall, dass es in ihrem Land irgendeine Partei gäbe, die nicht die gleiche Meinung wie sie selbst hatte. Deshalb ordnete sie an, dass alle Parteien und politischen Kinder- und Jugendorganisationen das Gleiche denken und wollen sollten. Das heißt, alle sollten immer 100 % mit allem einverstanden sein, was die DDR-Regierung beschloss. Und die einfachste Methode war der Zusammenschluss aller Parteien in der „Nationalen Front".

Ja, für die zur Wahl auserwählten Kandidaten wurde also auf großen Plakaten geworben. (Das ist ja heute in gewisser Weise auch noch so, nur mit dem Unterschied, dass jede Partei die andere besiegen will und oft genau das Gegenteil für richtig hält von dem, was eine andere Partei als Lösung von Problemen betrachtet.)

Wir Kinder schauten uns, sobald wir richtig lesen konnten, all diese Banner gar nicht mehr an, so wie ihr heute wahrscheinlich all die Wahl-Plakate auch nicht mehr beachtet.

Aber ich kann mich erinnern, als ich gerade das Lesen gelernt hatte, von einem regelrechten Lesezwang beherrscht worden zu sein. Überall, wo ich irgendwelche Buchstaben erspähte, musste ich, ob ich wollte oder nicht, lesen. Auf solch einem Plakat stand zum Beispiel: „Schöner unsere Städte und Dörfer!" oder „Mein Arbeitsplatz - mein Kampfplatz für den Frieden" oder „Von der Sowjetunion lernen heißt siegen lernen" oder „Hände weg von Kuba". Der Name des Landes, von dem die Imperialisten ihre Hände lassen sollten, änderte sich ab und zu, mal war dies auch Vietnam oder Chile.

Aber nun will ich euch von der Wahl erzählen. In der DDR war es nicht so, dass man zur Wahl gehen durfte, sondern man musste dorthin gehen, ganz egal, ob man dazu Lust hatte oder nicht.

Und wenn man das Wahllokal betreten hatte, erhielt man einen Zettel, auf dem die Namen der Kandidaten der Nationalen Front zu lesen waren. Aber die Wenigsten haben diese Namen auch nur eines Blickes gewürdigt, denn es wurde erwartet, dass man diesen Zettel, so wie er war, sofort in die Wahlurne steckte. Denn es konnte für die persönliche und politische Entwicklung eines Bürgers von größtem Nachteil sein, wenn er diesen Zettel länger betrachtete. Wagte jemand gar, hinter der Wahlkabine Zuflucht zu suchen, um in Ruhe darüber nachzudenken, ob er die Kandidaten der Nationalen Front überhaupt wählen wollte, wurde diese Handlung missbilligend registriert. Im Wahllokal standen mehrere Aufpasser. Und diese schrieben sofort die Namen derer auf, die in die Wahlkabine gegangen waren. Für sie hatte ihr eigensinniges Verhalten meist unliebsame Folgen. Sie wurden am nächsten Tag bei ihren Chefs vorgeladen und verhört. Manchmal verloren sie dadurch ihren guten Posten im Betrieb oder durften, wenn sie Studenten waren, nicht mehr weiterstudieren.

Wenn einer wirklich den Mut hatte, in eine Wahlkabine zu gehen und einige Namen auf der Liste durchzustreichen, dann nützte das gar nichts. Sobald auch nur einziger Name auf der Liste stehen blieb, zählte sein Wahlschein als Ja-Stimme für alle Kandidaten der Nationalen Front. Das gleiche Ergebnis erzielte derjenige, der wutentbrannt mit einem großen Kreuz alle Namen durchgestrichen hatte, um damit zu zeigen, dass er mit der Politik in der DDR nicht einverstanden war und keinen der Kandidaten wählen wollte. Nur wer sorgfältig jeden einzelnen Namen durchgestrichen hatte, konnte hoffen, dass sein Wahlschein als Nein-Stimme gewertet wurde. Aber sicher sein konnte er sich dessen auch nicht. Wenn am Wahltags-Abend die Wahllokale geschlossen worden waren und die Auszählung der Stimmen begann, wurden vermutlich die meisten dieser Nein-Stimmen noch schnell entsorgt. (Vielleicht verwendete man sie gleich als Toiletten-Papier. Ihr wisst ja bereits, dass dieses in der DDR knapp war.) Auf diese Weise konnte das schon vorher festgelegte Wahlergebnis von 99,8 % stets erreicht werden.

Die meisten Bürger der DDR hatten längst aufgegeben, sich über diese Form der Wahl aufzuregen. Sobald die Wahllokale ihre Pforten geöffnet hatten, begaben sie sich dorthin, um ihre Wahllisten zusammenzufalten und in die Wahlurnen zu werfen. Bis zum Mittagessen waren die meisten ihrer Wahl-Pflicht nachgekommen und wollten nicht mehr darüber nachdenken, sondern ihren Sonntag genießen, indem sie meist an ihren Häusern bauten, in ihren Gemüsegärten werkelten oder mit irgendjemandem etwas tauschten, was gerade mal wieder knapp war.

Am nächsten Morgen wurden dann durchs Radio und in der Zeitung „Neues Deutschland" die überzeugenden Wahlergebnisse bekannt gegeben: „Die Bürger der DDR wählten unsere Kandidaten der Nationalen Front mit

99,8 % Ja-Stimmen bei einer Wahlbeteiligung von 99,9 %."
Was waren das aber nun für Leute, die sich nicht an der Wahl beteiligten, diese 0,1 Prozent unserer Bevölkerung?
Wer seiner Wahlpflicht bis zum Mittag nicht nachgekommen war, durfte damit rechnen, dass es bald an seiner Wohnungstür klingelte und zwei Herren in schwarzen Anzügen davor standen. Diese Männer, von denen es in jedem Ort eine ganze Menge gab, wurden in einigen Kreisen unter vorgehaltener Hand die „Wahlschlepper" genannt. Denn sie hatten die wichtige Aufgabe, all diejenigen, die sich noch nicht aufgerafft hatten, zu dieser seltsamen Wahl zu gehen und insgeheim noch hofften, diese Pflicht umgehen zu können, zu überreden, sich nun endlich ins Wahllokal zu bequemen und ihre Stimmen den Kandidaten der Nationalen Front zu geben. Eine besonders gute Leistung vollbrachten die Wahlschlepper natürlich dann, wenn sie die säumigen Bürger gleich mit ins Wahllokal nahmen.
Es gab sogar Wahlschlepper, die besuchten alte Menschen, die nicht mehr gut laufen konnten oder die krank und mitunter bereits im Sterben im Krankenhaus lagen. (Alte Menschen zu besuchen, noch dazu, wenn sie krank sind, ist ja eine sehr löbliche und gute Tat. Und an Tagen, an denen keine Wahl stattfand, hätten sich die alten Leute bestimmt sehr über einen freundlichen Besuch gefreut, der etwas Abwechslung in ihren grauen Alltag gebracht hätte.) Und zu diesen Alten oder Kranken nahmen sie meist gleich eine kleine Wahlurne mit und halfen den lieben Altchen, ihre Wahlscheine in die Urne zu werfen.
Wenn jedoch alle Bemühungen dieser feinen Herren nicht fruchteten, fuhr mancherorts ein Auto mit einem großen Lautsprecher durch die Straßen und es wurden die Namen derer, die noch nicht im Wahllokal erschienen waren, laut und für alle deutlich vernehmbar ausgerufen. Damit wollte man die Nichtwähler einschüchtern und vor den anderen Einwohnern blamieren. Aber ich glaube, man erreichte damit das Gegenteil. Wenn wir den eigenen Namen unter den wenigen Mutigen hörten, die sich dieser Scheinwahl widersetzten, dann erfüllte uns das nicht mit Scham, sondern mit Stolz.
Eines Tages jedoch hatte unser Vater beschlossen, unsere Familie nicht mehr den Belästigungen der Wahlschlepper auszusetzen. Und von da an wurden die Wahlsonntage zu obligatorischen Familien-Wandertagen. Schon am Tag

vorher buk meine Mutter Brötchen und Kekse. Ein großer Rucksack wurde gepackt und die Wolken wurden sorgfältig betrachtet, damit wir wussten, wie das Wetter am nächsten Tag wird.

An einem dieser Samstage vor einer Wahl erzählte ich Nepomuk von unserem bevorstehenden Ausflug und erklärte ihm die Sache mit den Wahlschleppern.

„Da kommen immer solche Männer in feinen schwarzen Anzügen, die wollen, dass meine Eltern auch zu der Wahl gehen. Unser Vater hat keine Lust, sich mit denen so lange zu unterhalten. Er muss schon die ganze Woche so viel reden. Und außerdem hat er Angst, dass meine Mutter was sagt, was die ärgert."

Nach diesen kurzen Erklärungen bauten wir gemeinsam mit meinen Brüdern im Garten weiter an unserer Bude. Als sie fast fertig in ihrer Pracht vor uns stand, sagte Nepomuk plötzlich: „Felix, hier muss unbedingt gehandelt werden!" Ich wusste natürlich wieder einmal nicht, in welcher Angelegenheit wir handeln sollten, aber Nepomuk fuhr fort: „Du bleibst morgen da, aber wir brauchen Essen!"

Am Abend hatte ich etwas Mühe, meine Mutter davon zu überzeugen, am nächsten Tag nach dem Kindergottesdienst nicht mit auf Wanderschaft zu gehen, sondern mit Nepomuk zu Hause bleiben zu dürfen. Ich erklärte ihr, wie wichtig es war, die Bude fertig zu bauen. Doch schließlich gab sie nach und ließ uns reichlich Brötchen, Kekse und Apfelsaft da.

Am Sonntag nach dem Gottesdienst verschloss mein Vater sorgfältig unser Haus und überreichte mir den Schlüssel. Und dann verabschiedete ich mich von meinen Eltern und Geschwistern. Da herrliches Wanderwetter war, zogen meine Lieben fröhlich von dannen. Meine Mutter ermahnte uns zuvor noch, keine Dummheiten zu machen und den Kaninchen etwas Futter zu geben.

Wir bauten weiter mit Begeisterung an unserer Bude. Endlich war sie vollendet. Vom Heuboden holten wir weiches Heu zum Polstern, das wir auf dem Boden der Bude verteilten. Im Schuppen fand ich noch eine alte Decke, die wir auf dem Heu ausbreiteten. Wie hatten wir es gemütlich! Dann verspeisten wir unser Mittagessen: Knusprige Brötchen und Apfelsaft. Mitten im Kauen fragte Nepomuk: „Wann kommen die Wahlschlepper?"

O, an die hatte ich ja gar nicht mehr gedacht!
„Sicher bald", antwortete ich.
„Hast du einen Zettel und einen Stift?", fragte Nepomuk weiter.
Ich hatte nichts davon, sauste aber sofort los, um beides zu holen.
„Wozu brauchst du das?", fragte ich Nepomuk, als ich zurückkam.
Doch er riss mir die Dinge aus der Hand, als ob es um Leben oder Tod ginge.
Dann schrieb er in seiner schönsten Schrift: *„Um 3 sind wir wieder da."*
Mit diesem Zettel raste er zu unserer Haustür. Damit der Zettel nicht vom Wind weggeweht wurde, legte er einen kleinen Stein darauf. Und nun begannen wir, auf die Wahlschlepper zu warten. Wir saßen in unserer Bude und spähten durch einen Spalt zwischen den Brettern zu unserem Hof hin. Es dauerte keine halbe Stunde und wir erblickten zwei feine Herren in schwarzen Anzügen, die unseren Hof betraten und auf die Haustür zuschritten. Sie sahen wirklich genauso aus, wie ich sie Nepomuk beschrieben hatte. Er wusste sofort, dass sie es waren, und strahlte.
„Jetzt lesen sie die Botschaft", sagte er. „Und jetzt gehen sie wieder", fügte er hinzu.
Ich fand, dass sie recht zufrieden aussahen.
„Jetzt haben wir bis um drei Uhr Ruhe vor denen", verkündete Nepomuk.
„Da können wir Fußball spielen."
Uns machte es immer sehr viel Spaß, auf unserem Hof zu päppeln. Das alte Scheunentor diente als Tor. So verging die Zeit wie im Fluge. Zum Glück bekam Nepomuk Hunger und wir aßen in der Bude einen großen Berg Kekse. Dann sah Nepomuk auf die Kirchturmuhr.
„Oh, es ist gleich um drei! Gib mir noch einen Zettel!"
Ich gab ihm diesen und er schrieb darauf: *„Mussten noch mal weg. Jemand ist todkrank. Um 5 sind wir wider da."*
Er hatte sehr ordentlich und fast alles richtig geschrieben, sodass die Wahlschlepper vielleicht wirklich dachten, dass mein Vater den Zettel geschrieben hatte. Dieses Mal legte ich ihn vor die Haustür. Es war höchste Zeit gewesen, denn schon schritten die Herren auf unseren Hof. Ich sauste, so schnell ich konnte, zurück in unsere Bude, von wo aus wir das Geschehen beobachteten. Sie lasen den Zettel, steckten ihn ebenso wie den Ersten in ihre Tasche und

zogen - wie mir schien, nicht ganz so zufrieden - wieder von dannen. Nun hatten wir zwei Stunden Zeit, vergnügt zu spielen.

„Was schreiben wir auf den nächsten Zettel?", fragte ich Nepomuk nach einer Weile.

„Die sahen bisschen eingeschnappt aus", erwiderte er.

„Vielleicht auch traurig", bemerkte ich, „es macht bestimmt keinen Spaß, die Leute zur Wahl zu schleppen, die gar nicht dorthin wollen."

„Ja, und anstrengend ist es bestimmt auch, den ganzen Tag durchs Dorf zu latschen", fügte Nepomuk mitfühlend hinzu. „Wir können ihnen ja paar Kekse abtreten." Er pflückte drei große Blätter von der Sommerlinde und nahm sechs Kekse aus unserem Vorrat. Aus den Lindenblättern legte er eine Art Teller vor unsere Haustür, auf die er sorgfältig die Kekse auftürmte.

„Und was willst du schreiben?", fragte ich ihn.

„Ach ja, eine Botschaft müssen sie auch noch kriegen."

Und wieder schrieb er so fein, dass unsere Deutschlehrerin vor Erstaunen blass geworden wäre: *„Er ist leiter gestorben aber nicht traurich sein. Für die Wahl habe ich heute keine Zeit weil ich trösten muss."*

„Aber hier sind paar Fehler drin", bemerkte ich.

„Egal", erwiderte Nepomuk, „die waren bestimmt nicht so gut in der Schule wie dein Vater."

Das überzeugte mich. Schnell legten wir den Zettel zu den Keksen und trollten uns zu unserer Bude. Pünktlich wie die Maurer erschienen die Herren und wir verkrochen uns schnell in der Bude. Wir sahen, wie die Herren vor unserer Tür stutzten. Dann hoben sie unsere Gaben auf und lasen den Zettel. Sie liefen ein bisschen auf unserem Hof auf und ab und es sah aus, als ob sie sich stritten. Plötzlich zeigte einer von ihnen auf unsere Bude. Sie zögerten noch ein wenig, doch dann bewegten sie sich in unsere Richtung.

„Hilfe, sie kommen zu uns!", flüsterte ich aufgeregt.

„Schnell unters Heu!", befahl Nepomuk.

Wir schoben das Heu von hinten nach vorn, krochen in die äußerste Ecke und zogen die Decke über uns. Dann hörten wir die Schritte der Wahlschlepper. Sie umkreisten unsere Bude und suchten wahrscheinlich den Eingang. Mein Herz schlug bis zum Hals. Ich fürchtete, dass es so laut hämmerte,

dass es die Wahlschlepper hören könnten. Schließlich hatten sie den Eingang gefunden. In der Bude war es dunkel, sodass sie nicht viel erkennen konnten.
„Hallo, ist da jemand?", fragte der Eine.
Mir war es unbegreiflich, dass er das Schlagen meines Herzens nicht hörte. Dann vernahm ich, wie jemand in dem Heu herumwühlte.
„Hier ist keiner", sagte die andere Stimme.
Dann hörten wir sie noch eine Weile vor der Bude herumgehen.
„Hier, iss mal einen Keks!", sagte derjenige, der gerufen hatte.
„Danke", sagte der andere.
Wir lauschten, wie sie schweigend Mutters Kekse knabberten.
„Ob wir noch warten sollen?"
„Ach, ich glaube nicht, dass der Pastor vor um sechs wiederkommt. Wir müssen pünktlich zur Auszählung da sein. Außerdem hätten wir ihn doch sowieso nicht überzeugen können."
„Nee, wahrscheinlich nicht. Aber seine Alte bäckt keine üblen Kekse."
Endlich entfernten sich ihre Schritte. Wir atmeten auf. Nepomuk kroch als Erster von uns beiden unter der Decke hervor. Ich wunderte mich, dass ich mein Herz nicht mehr hörte, und dachte kurz, dass ich vielleicht vor Schreck gestorben wäre. Nepomuk saß bereits wieder vor der Ritze in unserer Bude.
„Die sehen sehr zufrieden aus und gleich sind sie ganz weg", verkündete er. Als ich endlich neben Nepomuk saß, waren sie bereits unseren Blicken entschwunden.
Erleichtert krabbelten wir aus der Bude und tollten ausgelassen in unserem Garten herum. Nach etwa einer Stunde kehrte auch meine Familie nach Hause zurück.
„Und wie war es bei euch?", wollte meine Mutter wissen. „Waren die Wahlschlepper da?"
„Ja, aber sie sind wieder fröhlich weggegangen", antwortete ich wahrheitsgemäß.
Als wir am nächsten Tag im Radio hörten, dass wieder 99,96 % der DDR-Bürger an der Wahl teilgenommen hatten, wunderte ich mich. Denn das bedeutete ja, dass fast alle zur Wahl gegangen waren. Und ich verstand überhaupt nicht, warum man schwarze Herren losschickte, um die Wenigen, die eben nicht zu der Wahl gehen wollten, unbedingt auch noch dorthin zu

schleppen. Dafür mussten diese Männer den ganzen schönen Sonntagnachmittag opfern. Ich hatte es ihnen angesehen, dass sie gar keine Lust dazu hatten. Und ich war sehr froh und zufrieden mit Nepomuk und auch mit mir, dass es uns gelungen war, sie wenigstens ein bisschen mit Mutters guten Keksen zu trösten.

WIE NEPOMUK AUS MIR EINEN VORBILDLICHEN PIONIER MACHTE

Heute werde ich euch von der Pionierorganisation unserer DDR erzählen. Vielleicht haben euch eure Eltern oder Großeltern auch schon von ihren eigenen Erlebnissen aus der Pionierzeit berichtet.
In unserem Land ging die Regierung davon aus, dass jeder, der in die Schule kam, auch Mitglied in der Pionierorganisation wurde. Und für jeden Lehrer war es eine Ehrenpflicht, alle seine Schüler in diese Organisation aufzunehmen. Falls es wirklich einmal vorkam, dass ein Kind nicht zu den Pionieren ging, weil seine Eltern das nicht wollten, war das für den Lehrer eine sehr unangenehme Angelegenheit. Es konnte passieren, dass er deshalb von höheren Stellen Ärger bekam und angeschwärzt wurde. So ein Lehrer konnte einem fast ein bisschen leidtun.
In den ersten vier Schuljahren nannte man die Pioniere Jungpioniere. Und sie trugen eine Uniform, die aus einer blauen Hose, für die Mädchen einem blauen Rock, einem weißen Hemd bzw. einer weißen Bluse und einem blauen Halstuch bestand. Wenn das vierte Schuljahr begonnen hatte, erhielten die Pioniere statt des blauen ein rotes Halstuch. Und dann hießen sie nicht mehr Jungpioniere, sondern Thälmann-Pioniere.
Fast alle Eltern schickten ihre Kinder zu den Pionieren, weil sie Angst hatten, dass sie sonst vielleicht von den Lehrern schlechter behandelt werden würden und nicht so gute Zensuren bekämen. Außerdem wollten sie nicht vor ihre Betriebsdirektoren oder andere hohe Ämter bestellt werden, um dort erklären zu müssen, warum sie ihren armen Kindern nicht erlaubten, zu den Pionieren zu gehen. Sie hatten nicht nur um ihre Kinder, sondern auch um sich selbst und ihren Posten auf der Arbeitsstelle Angst.

Sicher dachten auch viele Eltern, dass es doch am besten wäre, wenn man alles macht, was die Regierung sagt. Dann bekam man keinen Ärger und keine Probleme und hatte seine Ruhe. Und schließlich gab es auch noch einen großen Teil von Eltern, die fanden das politische System in der DDR ganz in Ordnung. Und deshalb fanden sie auch die Pionierorganisation in Ordnung. Auf den ersten Blick konnte man manches ganz nett finden, zum Beispiel einige der Pioniergebote. Eines davon lautete zum Beispiel: „Wir Jungpioniere lieben unsere Eltern" oder „Wir Jungpioniere sind gute Freunde und helfen einander". Dagegen konnte man ja wirklich nichts einwenden.

Die Idee, den Jungpionieren Gebote zu geben, hatten die schlauen Leute, die die Pionierorganisation gegründet hatten, von den Pfadfindern übernommen. Und ebenso hatten die Erfinder der Leninpioniere in der Sowjetunion einige Jahre zuvor dasselbe getan. Und die Regierung der DDR übernahm alles, was nur irgendwie möglich war, von ihrem großen Vorbild, der Sowjetunion, denn: „Von der Sowjetunion lernen heißt siegen lernen."

Die weltweite Kinderorganisation der Pfadfinder gab es jedoch schon ab 1907, also viel eher als die DDR und sogar noch eher als die Sowjetunion. Sie wurde dann, weil sie eine internationale und völkerverbindende Jugendorganisation war und noch immer ist, von den Nationalsozialisten unter Adolf Hitler verboten. Und dieses Verbot setzte die Regierung der DDR gleich fort und klaute nur, genau wie die Nazis, so manches von ihnen, was ihnen gut in ihr eigenes Programm für die Erziehung der Jugend passte. Und dazu gehörten eben auch Gebote.

Als Pionier musste man regelmäßig zu den Pioniernachmittagen erscheinen und zu Demonstrationen oder anderen politischen Veranstaltungen gehen, damit man zu einem guten sozialistischen Staatsbürger erzogen werden konnte.

An jedem Montagmorgen mussten alle Schüler der Grund- und Mittelschule, ordentlich in einem großen Viereck nach Schulklassen sortiert und stramm wie die Soldaten, auf unserem Schulhof Aufstellung nehmen. Dieser Aufmarsch nannte sich Appell. Und damit alles noch feiner aussah, hatten an diesem Tag alle Schüler die Pflicht, ihr weißes Hemd und das Pionierhalstuch zu tragen. Nur die ganz Großen trugen blaue Hemden, weil sie ab der achten Klasse keine Pioniere mehr, sondern nun Mitglieder der FDJ waren.

FDJ ist eine Abkürzung für die Jugendorganisation „Freie Deutsche Jugend".
Ihr könnt euch ja mal von euren Großeltern ganz genau erklären lassen, wie es so bei der FDJ war.
Falls ihr bisher gedacht habt, dass meine Mutter immer die Freundlichkeit in Person war, dann werdet ihr beim Lesen dieser Geschichte eines Besseren belehrt werden. Denn manchmal konnte sie sogar ein bisschen ungezogen und sehr eigenwillig werden. Anstatt mir am Montagmorgen ein weißes Hemd oder einen weißen, zumindest einen gelben Pullover zum Anziehen zu geben, musste es ausgerechnet ein knallroter oder leuchtend grüner sein.
Meine Mutter handelte nicht so, um ihren geliebten Sohn zu verärgern. Nein, sie wollte nur die Lehrerin daran erinnern, dass ihr Sohn Felix nicht zu den Pionieren gehörte. Es hätte ja sein können, dass diese es mal vergaß. Und ihr ahnt sicher, dass meine Lehrerin auf solche Merkhilfen überhaupt keinen Wert legte. Denn es ärgerte sie ungemein, dass sie mit ihrer Klasse - wegen mir - keine einheitliche weiße Front vorweisen konnte. Ihr einziger Trost bestand darin, dass sie im Laufe der Jahre nicht mehr die einzige Lehrerin war, die dieses Schicksal erleiden musste, da auch meine jüngeren Brüder zur Schule gehen mussten und am Montagmorgen - genauso wie ich - knallig leuchtende Pullover trugen. Und ihr kennt ja alle den Spruch: Geteiltes Leid ist halbes Leid.
Bei diesen Montagmorgen-Appellen musste aus jeder Klasse ein Pionier, das war meist der Vorsitzende des Pionier- oder Gruppenrates, dem Herrn Direktor Meldung machen. Er musste seine rechte Hand ganz gerade neben seine Schläfe halten wie ein Soldat, wenn er seinem Offizier eine Meldung machte. Und dann musste er zum Beispiel sagen: „Herr Direktor, ich melde, die Klasse 2 A ist vollständig zum Appell angetreten."
Wenn ein Kind fehlte, musste er auch das melden. Nachdem alle Pioniervorsitzenden ihre Meldung gemacht hatten, schrie der Herr Direktor: „Für Frieden und Sozialismus, seid bereit!"
Daraufhin sollten die Pioniere und FDJler begeistert antworten: „Immer bereit!" Aber meist klang ihr Gruß eher wie ein gemurmeltes Gähnen kurz nach dem Aufstehen.
Danach sangen dann alle gemeinsam ein Lied, zum Beispiel: „Seid bereit, ihr Pioniere, lasst die jungen Herzen glüh'n! Seid bereit, ihr Pioniere, wie

Ernst Thälmann treu und kühn …" Oder wir sangen „Ich trage eine Fahne, und diese Fahne ist rot. Es ist die Arbeiterfahne, die Vater trug durch die Not. Die Fahne ist niemals gefallen, so oft auch der Träger fiel. Sie weht heute über uns allen und ist unser Sehnsucht Ziel …"

Manchmal sangen wir auch traurige Kampflieder von Kommunisten, die in heldenhaftem Kampf gegen die bösen Feinde gefallen waren. Dann war ich immer dankbar, dass meine Mutter nicht dabei war, denn sie musste bei traurigen Liedern stets weinen. Ein Lied gefiel mir gut, denn es hatte eine schöne Melodie und einen sehr traurigen Text. Es hieß „Von all unsern Kameraden war keiner so lieb und so gut wie unser kleiner Trompeter, ein lustiges Rotgardistenblut …" Dieser Kamerad war Ernst Thälmann gewesen, ein Anführer der Kommunistischen Partei. Er wurde von den Nazis verhaftet und auf Hitlers Befehl hin erschossen. Davon handelte dieses traurige Lied. Und das war wirklich nichts für meine Mutter.

Leider klang unser Montagmorgen-Gesang oft sehr kläglich. Und wenn ihn unser Staatsratsvorsitzender gehört hätte, dann hätte er uns bestimmt keine Bonbons geschickt.

Wenn wir nämlich den Appell überstanden hatten und wieder in unseren Klassenzimmern saßen, packte unsere Klassenlehrerin stets eine Tüte Bonbons aus.

„Jetzt erhalten alle Pioniere ein Bonbon von unserem Staatsratsvorsitzenden", verkündete sie dabei.

Und das bedeutete, alle die mit einem weißen Hemd und einem blauen Halstuch in ihren Bänken saßen, lutschten bald genüsslich an einem Malzbonbon. Manchmal war ich nicht der Einzige, der kein Bonbon bekam, denn nicht immer hatten alle Mütter an den Montagmorgen-Appell gedacht, ihre armen Kinder waren ohne die Pionier-Uniform in der Schule erschienen und mussten auf das Bonbon des Herrn Staatsratsvorsitzenden verzichten.

Ihr wisst ja bereits, dass ich im Blick auf Wasser nicht gerade ein Held war, aber bei dem wöchentlichen Bonbon-Ritual ließ ich mir mit keiner Miene anmerken, dass ich traurig darüber war, kein Bonbon zu erhalten. Aber einer merkte es trotzdem: Mein Freund Nepomuk. Und ich glaube, er hatte sogar ein wenig Mitleid mit mir, jedenfalls manchmal, wenn er mir heimlich sein Bonbon zusteckte, das ich dann schnell in meiner Tasche verschwinden ließ.

Und was diese Geste von ihm bedeutete bei seinem nie enden wollenden Appetit, das ist euch hoffentlich klar.
Als wir beide an einem Montagmittag nach der Schule zu mir nach Hause gingen, meinte Nepomuk ungewöhnlich leise: „Bald werden wir handeln." Irgendwie ahnte ich, dass unser Handeln mit den Bonbons zu tun haben musste. Aber genau konnte ich so etwas bei Nepomuk nie wissen. Die nächsten Wochen vergingen jedoch wie immer mit dem gleichen Montagmorgen-Appell und dem darauf folgenden Pionier-Bonbon von unserem Herrn Staatsratsvorsitzenden.
An jedem Mittwochnachmittag fand für meine Klasse der Pioniernachmittag statt. Dort wurde gemeinsam gebastelt, gelernt, gesungen und gespielt. Denn ein anderes der Pioniergebote lautete: „Wir Jungpioniere singen und tanzen, spielen und basteln gern." Aber genau weiß ich auch nicht, was da alles gemacht wurde, denn ich war ja nicht dabei, weil ich eben kein Pionier war.
Meine Abwesenheit von den Pioniernachmittagen bedauerte ich jedoch überhaupt nicht. Ganz im Gegenteil! Viel lieber spielte und tobte ich in dieser Zeit mit meinen Brüdern in unserem großen Garten, anstatt auch noch den Nachmittag im Schulhaus verbringen zu müssen. Ich vermisste nur ein bisschen meinen Freund Nepomuk, der als Pionier dem Pioniernachmittag nicht fernbleiben durfte. Je älter wir wurden, desto mehr spürte ich, dass viele Klassenkameraden mich darum beneideten, nicht am Pioniernachmittag teilnehmen zu müssen.
Das Einzige, woran auch ich als Nichtpionier Gefallen fand, war die Altstoffsammlung. Diese machte mir sogar großen Spaß. Dann holten Nepomuk und ich den kleinen Leiterwagen aus unserem Schuppen. Wir zogen gemeinsam von Haus zu Haus und baten die Leute, uns alte Zeitungen und leere Most- und Weinflaschen zu geben. Manchmal bekamen wir auf unserer Tour auch etwas zum Naschen geschenkt. Und wenn ich großes Glück hatte, gelang es mir sogar, eine Rolle Klopapier zu erbetteln. Ich wusste, dass ich meinem Vater damit eine besondere Freude machen konnte. Da es in unserem Land viele Dinge nur in großen Abständen zu kaufen gab, kam man manchmal in Schwierigkeiten bei Artikeln, die man nicht nur in großen Abständen brauchte. Und am schlimmsten waren diese Engpässe natürlich bei solchen Dingen, die man täglich brauchte. Und dazu gehörte, und das hat sich bis heute nicht

geändert, eben auch Klopapier. Natürlich habt ihr recht, wenn ihr meint, dass man dafür auch Zeitungspapier verwenden kann. Meist blieb uns auch gar nichts anderes übrig, aber zu unserem Vergnügen taten wir es nicht.

Ab und zu ging ich nicht nur mit Nepomuk Altstoffe sammeln, sondern noch zusätzlich mit meinem kleinen Bruder Michel. Schon als er noch nicht zur Schule ging, bereitete ihm das Sammeln von Altstoffen so viel Vergnügen wie mir.

All die Berge von Papier und Flaschen, die wir gesammelt hatten, brachten wir dann später an einem bestimmten Tag in unseren Schulhof. Dort wurden sie gewogen, gezählt und gestapelt. Die Pionierleiterin der Schule hatte eine große Liste angefertigt, in die sie eintrug, wie viele Altstoffe jeder Schüler gesammelt hatte. Dann kam ein großer LKW, der alle Altstoffe abholte. Das Schönste an der ganzen Sammelaktion war, dass es für alle Abfälle auch noch Geld gab. Aber das Schlechte war, dass dieses Geld unsere Klassenlehrerin für unsere Klassenkasse erhielt. Und von diesem Geld wurden dann die Unkosten für die Pioniernachmittage bestritten. Und manchmal durfte unsere Klasse das ersammelte Geld auch für eine höhere Sache spenden, zum Beispiel für die „Sozialistische Einheitspartei Deutschlands", die SED. Eines Tages verkündete unsere Klassenlehrerin, dass in zwei Monaten der Bezirks-Partei-Sekretär und der Bezirks-Pionierleiter unserer Schule einen Besuch abstatten möchten. Und dafür sollten die Pioniere der Schule ein kleines Programm vorbereiten.

Bevor ich weitererzähle, muss ich kurz erklären, dass der Teil Deutschlands, in dem wir damals lebten, nicht halb so groß war wie das heutige gesamte Deutschland. Aber damit das nicht so auffiel, vermehrte man einfach die Zahl der Bundesländer. Aber diese nannte man natürlich nicht Bundesländer, weil wir ja nicht zur Bundesrepublik Deutschland gehörten, sondern in der Deutschen Demokratischen Republik lebten. Deshalb hießen die einzelnen Teile der DDR nicht Bundesländer, sondern Bezirke. So wurde zum Beispiel unser Sachsen gleich in drei Bezirke aufgeteilt: Bezirk Leipzig, Bezirk Dresden und Bezirk Karl-Marx-Stadt. Das Dorf, in dem wir wohnten, gehörte zum Bezirk Dresden. Und dessen oberster Partei-Sekretär wollte also unsere Schule besuchen. Und auf diesen Besuch mussten wir uns natürlich gründlich vorbereiten. Deshalb sollten Lieder, Gedichte und ein kleines Theater-

stück eingeübt werden.

Als Erstes fragte die Lehrerin: „Wer kann Flöte spielen?"

„Felix!", rief Nepomuk.

„Und sonst noch jemand?", fragte die Lehrerin darauf. Aber keiner meldete sich. Und schon etwas gequälter fuhr sie fort: „Und kann von euch jemand noch ein anderes Instrument spielen?"

„Ja, das ist Felix, er kann auch Klavier spielen!", erklang Nepomuks Stimme. Die Lehrerin schluckte.

„Würdest du ein Lied auf der Flöte und vielleicht ein kleines Stück auf dem Klavier vorspielen, wenn der Partei-Sekretär kommt?", fragte sie mich dann etwas kleinlaut.

„Natürlich", antwortete ich schnell, „das mache ich."

Und dann verteilte die Lehrerin die Rollen für das Theaterstück. In diesem Stück sollte es um einen fleißigen Pionier und um einen Faulpelz gehen. Der fleißige Pionier hatte natürlich die Hauptrolle zu spielen und musste sehr viel Text sprechen. Die Lehrerin hatte keine große Mühe, all die kleinen Nebenrollen an die Pioniere unserer Klasse zu verteilen. Auch für die Rolle des Faulpelzes war bald jemand gefunden, nämlich Nepomuk. Aber den fleißigen Pionier wollte einfach keiner spielen, vielleicht weil alle ahnten, dass sie für diese Rolle sehr viel auswendig lernen mussten. Endlich sagte ein Mädchen: „Felix soll das machen. Der kann das am schnellsten." Und da alle anderen Kinder sich weigerten, diese Rolle zu übernehmen und immer wieder riefen, dass ich sie spielen sollte, blieb der Lehrerin nichts anderes übrig, als sie mir schließlich zu überlassen. So wurde ich, wenigstens im Theaterstück, zum vorbildlichen Pionier.

Nachdem wir mindestens zehn Pionierlieder und einige von uns ein kleines Gedicht eingeübt hatten, das Theaterstück ohne Pannen klappte, konnte der große Tag kommen. Und als er endlich herangerückt war, da waren alle, am allermeisten unsere Lehrerin, sehr aufgeregt. Am Tag vor dem großen Auftritt rief sie mich zu sich und sagte in ziemlich giftigem Ton: „Richte deiner Mutter aus, dass sie dir wenigstens morgen mal ein weißes Hemd anzieht!"

Es war kaum zu glauben, aber mir gelang es doch tatsächlich, meine Mutter zu überreden, dieses eine Mal ausnahmsweise ihre Prinzipien über Bord zu werfen. So erschien ich am nächsten Tag, sicherlich zur größten Überraschung meiner Lehrerin, im weißen Hemd. Aber einen Kummer konnte ich ihr nicht ersparen: Ein Pionierhalstuch besaß ich nicht.

Schon nach der ersten Unterrichtsstunde, in der wir noch einmal einige wichtige Passagen aus unserem Programm wiederholt hatten, erschien endlich der Bezirks-Partei-Sekretär. Er wurde begleitet vom Bezirks-Pionierleiter und einer Delegation weiterer hoher Herrschaften, unter denen sich auch einige Damen befanden. Im großen Speisesaal der Schulspeisung war eine große Bühne aufgebaut und sogar ein Klavier herangeschleppt worden. Zuerst begrüßte unser Schuldirektor unsere Gäste. Und dann begann unser Programm. Alle Klassen sangen gemeinsam die einstudierten Lieder. Die Delegation klatschte Beifall. Gedichte wurden vorgetragen und unsere Klasse, die damals die älteste der Grundschule war, spielte das Theaterstück vom fleißigen Pionier vor. Es gab dabei nur ein einziges Problem, an das unsere Lehrerin nicht gedacht hatte: Der fleißige Pionier trug als einziger Mitwirkender kein Pionierhalstuch. Und dieser Makel blieb dem Bezirks-Partei-Sekretär und sicher auch dem Bezirks-Pionierleiter nicht verborgen.

Dann spielte ich noch zwei Volkslieder auf der Flöte. Und nachdem die letzten drei Pionierlieder geschmettert worden waren, sollte ich - als krönender Abschluss - ein Stück auf dem Klavier zum Besten geben. Ich spielte ein Menuett von Johann Sebastian Bach. Ich hatte meine Sache anscheinend gut gemacht, denn die gesamte Delegation wollte gar nicht mehr aufhören, Beifall zu klatschen.

Dann stieg der Bezirks-Partei-Sekretär auf die Bühne und hielt eine kleine Rede. Er spornte uns darin an, weiterhin so vorbildliche Pioniere zu bleiben und fleißig zu lernen, damit wir dem Proletariat auf der ganzen Welt bald zum Sieg verhelfen. Wir wären die Kämpfer der Zukunft, die den Klassenfeind vollständig vernichten würden. Am Ende lobte er uns für unsere Darbietungen und ganz besonders mich für meine Theaterrolle und meine musikalischen Vorträge. Dann dankte er noch für den großen Geldbetrag, den wir durch unsere Altstoffsammlung der Partei gespendet hatten. Er fragte unsere Pionierleiterin, wer von uns Kindern denn die meisten Altstoffe gesammelt hatte. Und diese musste auf mich weisen mit den Worten: „Das war Felix."
Vielleicht wollte der Bezirks-Partei-Sekretär inzwischen selbst nicht mehr, dass nur immer ich gelobt wurde.

„Und wer ist denn der beste Schüler in eurer Schule?", fragte er, worauf der Schuldirektor wieder meinen Namen nennen musste.

Jetzt fragte mich der Bezirks-Partei-Sekretär: „Warum hast du denn heute dein Pionierhalstuch nicht umgebunden?"

Doch bevor ich irgendeine Antwort stammeln konnte, rief Nepomuk: „Das hat er heute vergessen. Ausnahmsweise!"

Der Bezirks-Partei-Sekretär schmunzelte ein bisschen, und dann sagte er zu mir: „Du hast heute bewiesen, dass du ein vorbildlicher Pionier bist, auch wenn du heute ausnahmsweise dein Halstuch vergessen hast. Aufgrund deiner guten Leistungen erhältst du heute, obwohl du noch ein Jungpionier bist, von unserem Bezirks-Pionierleiter das rote Halstuch der Thälmann-Pioniere als Auszeichnung." Und zu all den anderen Schülern gewandt, fragte er: „Wer von euch möchte denn eurem Kameraden das Halstuch umbinden?"

Sofort riss Nepomuk seinen Arm hoch. Der Bezirks-Pionierleiter übergab ihm ein rotes Halstuch. Und Nepomuk band mir dieses mit dem größten Vergnügen um. Er sah dabei so stolz aus, als hätte er es selbst empfangen. Vielleicht erinnerte er sich, während er mir das rote Halstuch umband, an ein weiteres Pioniergebot: „Wir Jungpioniere tragen mit Stolz unser blaues Halstuch. Wir bereiten uns darauf vor, gute Thälmann-Pioniere zu werden."

Damals kannten wir noch nicht die Gebote der Thälmann-Pioniere, von denen es auch eins über das rote Halstuch gab: „Wir Thälmann-Pioniere tragen mit Stolz unser rotes Halstuch und halten es in Ehren. Unser rotes Halstuch ist Teil der Fahne der Arbeiterklasse. Für uns Thälmann-Pioniere ist es eine große Ehre, das rote Halstuch als äußeres Zeichen unserer engen Verbundenheit zur Sache der Arbeiterklasse und ihrer Partei, der Sozialistischen Einheitspartei Deutschlands, zu tragen."

Ich weiß nicht, ob ich mir das rote Halstuch hätte umbinden lassen, wenn ich dieses Gebot gekannt hätte, aber vielleicht hätte ich den Sinn dieser Worte auch noch gar nicht verstanden.

Der Bezirks-Partei-Sekretär und der Bezirks-Pionierleiter schüttelten mir danach beide feierlich die Hand. Und alle Kinder der Schule klatschten begeistert, am allerlautesten Nepomuk. Dann war unser Zusammensein mit dem Bezirks-Partei-Sekretär und seiner Begleitung zu Ende. Er verabschiedete sich von uns allen, und wir Kinder durften nach Hause gehen.

So hatte mir Nepomuk dazu verholfen, ein Thälmann-Pionier zu werden.
Zu Hause versteckte ich das rote Halstuch in der hintersten Ecke meines Nachttisches. Darin lag es viele Jahre, weil ich es vergessen hatte. Meine Klassenlehrerin hat mich nie wieder danach gefragt.
Am Montag nach dem großen Besuch des Bezirks-Partei-Sekretärs in unserer Schule stand ich wieder mit einem knallroten Pullover beim Morgenappell. Und wie gewohnt teilte meine Klassenlehrerin die Bonbons vom Staatsratsvorsitzenden aus. Für alle Pioniere. Auch ich erhielt manchmal eines, aber ein bisschen später. Es war das von Nepomuk.

Wenn ihr Interesse daran habt, euch noch etwas genauer über die Pionierorganisation zu informieren, so könnt ihr das am Ende dieses Buches im Anhang tun in dem Kapitel: „Was ihr vielleicht noch über die Pionierorganisation erfahren möchtet".

WIE NEPOMUK DEN HERRN GRÖGER UMERZOGEN HAT

Jedes Jahr am 30. Juni erhielten wir unsere Schuljahres-Abschluss-Zeugnisse. Wenn der 30. Juni auf einen Sonntag fiel, hatten wir das große Glück, sie schon einen Tag früher nach Hause tragen zu dürfen und einen Tag länger Sommerferien zu haben. Der letzte Schultag war etwas kürzer als die anderen. Wir mussten alle Schulbücher des vergangenen Schuljahrs abgeben. Und wenn wir sie nicht gut erhalten zurückgeben konnten, mussten wir sie bezahlen. Dann schrieb unsere Klassenlehrerin an die Tafel, wann wir nach den Ferien das erste Mal wieder zur Schule kommen mussten. Aber das wussten wir eigentlich schon, denn der erste Schultag begann immer am 1. September um 8 Uhr. Von der Schultafel schrieben wir außerdem noch ab, welche und wie viele Schulhefte und Schnellhefter wir für das neue Schuljahr einkaufen müssten. Und das änderte sich von Jahr zu Jahr doch ein kleines bisschen.
In der letzten Schulstunde erhielten wir unsere Zeugnisse. Der erste Schüler, der es erhielt, war derjenige mit den schlechtesten Zensuren. Die Lehrerin hielt ihm eine lange Rede, in der sie ihm klarzumachen versuchte, dass er

im nächsten Schuljahr ordentlicher und fleißiger werden müsste, um sich zu einem vorbildlichen Pionier zu entwickeln und mit seinen Lernleistungen die Deutsche Demokratische Republik zu stärken. Je besser die Zeugnisse der nach ihm folgenden Schüler wurden, desto kürzer fielen die Reden der Lehrerin aus, doch bei den letzten Zeugnisheften, die den Lehrertisch verließen und den Schülern übergeben wurden, nahm die Länge der Rede wieder etwas zu und es mischten sich in sie auch einige Worte der Anerkennung und des Lobes. Am meisten wurde der vorletzte Schüler gelobt. Meistens handelte es sich dabei um ein Mädchen, das sehr viele Einsen hatte und somit ein vorbildlicher Pionier war, der unserer Republik alle Ehre machte.

Ich erhielt immer als Letzter mein Zeugnis. Und obwohl ich noch ein paar Einsen mehr hatte als die vorbildliche Pionierin, schienen unserer Lehrerin keine Lobesworte mehr einzufallen. Sie drängte uns zur Eile, denn auf dem Schulhof begann in wenigen Minuten der Schuljahres-Abschluss-Appell. Wir stellten uns, wie gewohnt, klassenweise in Appellformation auf und lauschten der Abschlussrede des Schuldirektors. Dann wurden die besten Schüler jeder Klasse ausgezeichnet. Sie erhielten meist eine Medaille und ein Buch. Ich erhielt nie eine Medaille oder ein Buch, meinen Brüdern erging es ebenso. Wir waren daran gewöhnt und legten auch keinen Wert auf diese Medaillen. Wir wussten, dass unsere Eltern sich über unsere guten Zeugnisse freuen würden. Und wir waren glücklich, dass wir ihnen diese Freude machen konnten.

Nach dem Appell-Abschluss-Gesang schnappten wir uns also schnellstens unsere Schulranzen und sausten nach Hause. Vor uns lagen zwei herrliche Monate Sommerferien, in denen wir keine einzige Pionierrede hören mussten und keine Hausaufgaben zu erledigen hatten, sondern in denen wir den ganzen Tag spielen und herumtollen durften. Wir fühlten uns frei wie die Adler und schwebten nach Hause. Sogleich legten wir unseren Eltern die Zeugnisse vor, ernteten viele liebe Worte der Anerkennung und Freude über alle Mühe, die wir uns gegeben hatten. Jeder erhielt ein kleines Geschenk, meist ein spannendes Buch oder ein Spiel. Und dann dachten wir für lange Zeit nicht mehr an die Schule, sondern nur noch an unsere Bude, unsere Spiele und den bevorstehenden Urlaub.

Fast jeden Sommer verreisten unsere Eltern mit uns für drei bis vier Wochen. Manchmal hatte mein Vater in Mecklenburg oder an der Ostsee eine vorübergehende Arbeit als sogenannter Kurprediger gefunden. Wir wohnten dann in einem alten, leer stehenden Pfarrhaus oder einer kleinen Wohnung. Mein Vater musste sonntags in der Kirche für die Urlauber Gottesdienste und jede Woche ein oder zwei Gemeindeabende halten. Und wir genossen das Leben an den herrlichen mecklenburgischen Seen oder am Meer. Als wir älter wurden, fuhren wir auch manchmal in die Tschechoslowakei, in deren verschiedenen Gebirgen wir auf Wanderschaft gingen.

Doch auch die schönsten Sommerferien gingen nach zwei Monaten ihrem Ende entgegen. Mein Bruder Clemens hatte das Glück, am 31. August geboren worden zu sein. So endeten die Sommerferien stets mit einer großen Kindergeburtstagsparty. Wenn wir Geburtstag hatten, durften wir immer so viele Freunde einladen, wie wir Jahre auf dem Buckel hatten. So traf sich bei uns also eine große Jungenschar, die mit großem Appetit die vielen Kuchen verschlang, die meine Mutter gebacken hatten. Dann spielten unsere Eltern mit uns allen und zuletzt gab es am Lagerfeuer Abendbrot. Manchmal durften wir danach noch alle Freunde mit Laternen nach Hause bringen.

Ja, die Sommerferien waren wirklich eine großartige Erfindung. Und ich glaube, sie waren das Allerbeste an der ganzen Schulzeit.

Natürlich liebten wir auch all die anderen kürzeren Ferien. Und nach den Sommerferien mochte ich am meisten die Kartoffelferien. Sie waren immer im Oktober. Und weil in diese Zeit auch die Kartoffelernte fiel, hießen sie die Kartoffelferien. Spätestens ab der fünften Klasse gingen auch wir Kinder mit auf die Felder und halfen den Bauern bei der Kartoffelernte.

Mein Freund Nepomuk klingelte am Morgen, wie gewöhnlich, an unserer Wohnungstür und holte mich und später auch meine Brüder ab. Mit den Rädern fuhren wir zu den Kartoffelfeldern. Dort hatte zuvor ein Traktor mit seinem Pflug in langen Zeilen die Kartoffeln bloßgelegt. Jeder von uns bekam einen großen geflochtenen Weidekorb, suchte sich eine Kartoffelreihe und las die Kartoffeln in seinen Korb.

Nepomuk und ich begannen unsere Arbeit immer an benachbarten Reihen, sodass wir beim Auflesen der Kartoffeln interessante Gespräche führen und Pläne für spätere Spiele schmieden konnten. Wenn wir unseren Korb gefüllt hatten, hoben wir unseren Arm. Dann kam einer der anwesenden Bauern zu uns, gab uns einen kleinen runden Plastechip und trug den vollen Kartoffelkorb zu einem großen Traktorhänger, in den er die Kartoffeln kippte. Die Bauern hatten mächtig zu tun, immerzu unsere Körbe auszuleeren. Nepomuk und ich trugen manchmal gemeinsam einen unserer vollen Körbe zum Traktoranhänger. Und die waren wirklich sehr schwer.

Manche Bauern waren sehr nett zu uns. Wenn sie sahen, dass jemand von uns besonders fleißig war, gaben sie ihm manchmal einen Plastechip zusätzlich. Diese kleinen Plastemarken konnten wir nämlich am Nachmittag, bevor wir nach Hause gingen, einlösen. Wir erhielten für jede 10 Pfennige. Und dieses Geld durften wir dann auch wirklich behalten. Es musste in keine Klassen- oder Pionierkasse gespendet werden, sondern half mir, meine eigene Sparbüchse aufzufüllen.

Wenn der Traktorhänger mit Kartoffeln gefüllt war, wurde er zur LPG gefahren. Und auf dem Rückweg brachte er alle paar Stunden einen großen Kübel Malzkaffee und viele Schnitten mit frischer Bauernleberwurst und Speckfett mit. Ihr könnt euch nicht vorstellen, wie herrlich uns diese Schnitten, die wir mit unseren von der Erde beschmutzten Händen aßen, und dazu der heiße Malzkaffee schmeckten! Schon deshalb waren die Kartoffelferien die zweitschönsten Ferien! Wenn wir beim Verspeisen dieser köstlichen frischen Brote auf den Feldern standen und hinter den Feldrändern die sich gelb und rot färbenden Laubbäume leuchten sahen, wusste ich tief in meinem Herzen, dass ich sehr glücklich war.

An vielen Tagen gingen wir nachmittags noch einmal zum Kartoffellesen. Am Ende eines Tages wurde manchmal ein großes Kartoffelfeuer angezündet, bei dem das alte Kartoffelkraut verbrannt wurde. In seiner Glut durften wir Kartoffeln backen. Und das waren die besten Kartoffeln meines Lebens.

Wenn wir zur Kartoffelernte antraten, waren manchmal auch Lehrer als Aufsichtspersonen zugegen. Ich erinnere mich an eine Woche, in der unser damaliger Klassenlehrer diese Aufgabe zu erfüllen hatte. Er hieß Herr Gröger und war nicht nur unser Klassen-, sondern auch unser Mathelehrer. Er war ziemlich klein und immer sehr schäbig gekleidet. Man hätte meinen können, dass er sich ständig auf dem Kartoffelacker wähnte. Jeden Tag trug er das gleiche Jackett. Es war grau und hatte blassrosa Streifen, die horizontal und vertikal auf dem grauen Stoff verliefen, sodass ein Karomuster entstand.

Aber an den Ellenbogen sah man von diesen Karos nichts, denn dort war der Stoff mit grauen Flicken ausgebessert worden.

Und Herr Gröger war nicht nur ziemlich klein, sondern er hatte auch einen Sprachfehler. Er konnte den Buchstaben „s" nicht richtig aussprechen, besonders wenn dieser am Ende eines Wortes stand. Dann klang er eher wie ein „ch". Er sagte also zum Beispiel nicht „Haus", sondern „Hauch". Als Mathematiklehrer musste er ja auch Zahlen benennen, und in ihnen kommt ja der Buchstabe „s" ziemlich oft vor.

Einer unserer Klassenkameraden hieß Andreas. Er war der Sohn des Dorfpolizisten. Und wenn ihr jetzt denkt, dass er besonders brav war, weil sein Vater Polizist war, dann irrt ihr euch gewaltig. Er war - ganz im Gegenteil - unverschämt ungezogen.

Im Schulunterricht blieb er nicht auf seinem Platz sitzen, er erledigte fast nie seine Hausaufgaben und war der größte Angeber, den ihr euch vorstellen könnt. Wahrscheinlich dachte er, dass er sich alles erlauben könnte, weil sein Vater der Dorfpolizist war. Und auch wir, seine Klassenkameraden, dachten das beinahe auch. Denn eine wirkliche Strafe für all seine Frechheiten erhielt der Andreas nie. Unser Klassenlehrer hatte wirklich stets seine Mühe mit ihm. Und in vielen Stunden lernten wir nicht viel von der Mathematik, weil Herr Gröger ständig damit beschäftigt war, den Andreas zu bändigen.

Und das Schlimmste dabei war, dass er den Namen dieses Jungen nicht richtig aussprechen konnte. Es klang dann zum Beispiel so: „Andreach, setch dich endlich auf deinen Platch!"

Und Andreas dachte gar nicht daran, sich auf seinen Platz zu setzen. Also, mir tat der Herr Gröger manchmal fast ein bisschen leid, aber dieses Mitleid hielt nie lange an, weil meist plötzlich wie aus heiterem Himmel unser Mathelehrer einen Wutanfall bekam, den er nicht an dem Andreas ausließ, sondern an irgendeinem anderen Schüler.

Diesen Schüler wählte er mit Vorliebe unter denen aus, denen das Rechnen sehr schwer fiel. Er zitierte ihn dann nach vorn an die Schultafel und schrieb besonders schwere Aufgaben darauf. Und es war von Anfang an klar, dass der Schüler diese Aufgaben nicht lösen konnten. Noch bevor er überhaupt eine Chance bekam, nach einer Lösung zu suchen, brach über ihm ein Gewitter los. Bei dieser Kanonade zischelte es nur so von „chs".

Dass ich trotz dieses seltsamen Mathematikunterrichts die Freude an Zahlen und dem Rechnen nicht verloren habe, ist wirklich ein Wunder und liegt vielleicht auch an dem Ausgang dieser Geschichte, wie ihr bald erfahren sollt.
Dieser Mathematiklehrer war also mit uns auf dem Kartoffelacker und mit uns allen unser spezieller Klassenkamerad Andreas. Dieser dachte nicht daran, seinen Korb voll Kartoffeln zu lesen. Vielleicht bekam er von seinem Polizisten-Vater genug Taschengeld, sodass er es nicht nötig hatte, den Inhalt seiner Sparbüchse zu vermehren.
Die Lieblingsbeschäftigungen von Andreas bestanden auf dem Kartoffelacker darin, mit Kartoffeln auf seine Mitschüler zu zielen oder Feldmäuse zu fangen, deren zahlreiche Gänge durch die Kartoffelernte aufgebuddelt worden waren und von denen man, wenn man Wert darauf legte, ab und an welche fangen konnte. Und das tat Andreas mit Begeisterung. Und am meisten Spaß machte es ihm, die gefangenen Mäuse zu quälen oder ihren Kopf mit seinem Stiefel zu zertreten. Mir drehte sich dabei immer fast der Magen um und Nepomuk verfiel in stummen Groll.
Der Herr Gröger schrie immerzu herum: „Andreach, lach die Mäuche loch!" Aber der Andreas dachte nicht daran, seinem Klassenlehrer gehorsam zu sein und die Mäuse laufen zu lassen. Nach einer Weile wurde dieses ganze Spektakel einem der Bauern zu viel. Er schickte Andreas nach Hause, was dieser sich nicht zweimal sagen ließ, denn er hatte ja so wie so keine Lust zum Kartoffelnlesen. Leider kehrte nach Andreas` Abgang auf dem Kartoffelacker noch immer keine Ruhe ein. Nein, Herr Gröger kochte wie ein Waschkessel und giftete der Reihe nach einen nach dem anderen voll. Er beschimpfte uns als faule und lahme Brut und forderte uns auf, gefälligst schneller zu arbeiten, um den Bauern unserer Deutschen Demokratischen Republik keine Last, sondern eine Hilfe zu sein. Dabei stolzierte er wie ein zu klein geratener Gockelhahn über den Acker. Auf die Idee, sich einen Korb zu schnappen und auch Kartoffeln aufzulesen oder den Bauern beim Abtransport der Körbe zu helfen, kam er nicht.
Mir war die Lust am Kartoffellesen fast vergangen, auch von Nepomuk hörte ich kein Wort mehr, sondern sah ihn förmlich vor Grübelei fast im Acker verschwinden. Zum Glück nahte bald wieder ein Traktor samt einem Anhänger, der frische Wurstschnitten herbeibrachte und bei dessen Anblick mich Ne-

pomuk mit den wunderbaren Worten beglückte: „Felix, hier muss unbedingt gehandelt werden!"

Nachdem wir - glücklich über die Vesperpause - unsere leckeren Schnitten verspeist hatten, sah ich Nepomuk zu unserem Lieblingsbauern gehen und mit diesem eine kurze Unterredung führen. Wir anderen waren inzwischen wieder zu unseren Kartoffelzeilen zurückgekehrt, mit uns der Herr Gröger, um seiner wichtigen Aufgabe als Aufsichtsperson nachzugehen.

Da geschah etwas Außergewöhnliches: Nepomuk näherte sich aus freien Stücken unserem Klassenlehrer und sprach ihn an. Leider konnte ich seine Worte nicht verstehen, denn er war zu weit entfernt von mir. Herr Gröger schien ihn großzügig anzuhören. Dann richtete er sich plötzlich auf und man hatte den Eindruck, ihn ein Stück wachsen zu sehen. Nepomuk kramte in seinen Hosentaschen und überreichte unserem Klassenlehrer etwas, wovon ich nicht wusste, was es war, und das dieser wiederum in seiner Hosentasche verschwinden ließ. Schlagartig beendete unser Lehrer sein Herumkommandieren und kam nach einer Weile auf mich zu.

Ich erschrak, doch nichts Dramatisches geschah. Herr Gröger drückte mir eine kleine Plastemarke in die Hand und versuchte, meinen vollen Kartoffelkorb auf seine Schultern zu heben. Das fiel ihm nicht so leicht wie den starken Bauern. Ich hielt den Korb ein bisschen mit fest, damit er beim Hochheben nicht herunterfiel. Und dann trug unser Mathematik- und Klassenlehrer, Herr Gröger, meinen Kartoffelkorb zu dem Traktoranhänger. Mit vor Staunen offen stehendem Mund schaute ich ihm nach. Und ich glaube, alle meine Klassenkameraden vergaßen in diesem Augenblick das Kartoffellesen.

Ja, und das war erst der Anfang. Die ganzen darauf folgenden Tage schleppte Herr Gröger unsere vollen Körbe zum Hänger. Und er wurde immer geschickter dabei. Man hörte kein giftiges Wort mehr aus seinem Munde. Stattdessen klopfte er uns auf die Schultern, wenn wir besonders flink beim Arbeiten waren. Ihm schienen die Wurst- und Speckfettschnitten inzwischen auch so gut zu schmecken wie uns. Und ich begann, unseren Klassenlehrer sogar ein bisschen zu mögen.

Als die Kartoffelferien zu Ende gegangen waren und die erste Mathematikstunde vor uns lag, hielt uns Herr Gröger eine kleine Rede. Er sagte, wie wichtig es wäre, dass wir die Arbeiter und Bauern unserer Republik bei ihrer schweren Arbeit unterstützen. Und er lobte unseren Fleiß bei der Kartoffelernte. Noch bevor er seine Rede beendet hatte, begann Andreas Herrn Gröger mit Papierkrampen zu beschießen. Eine davon traf ihn mitten auf die Stirn. Nepomuk schaute mich an. Dann standen wir beide mitten im Unterricht auf, gingen forschen Schrittes zu Andreas, und noch ehe dieser ahnte, was geschehen würde, packte ich ihn am Arm, hielt ihn fest und Nepomuk gab ihm eine so kräftige Ohrfeige, dass man alle fünf Finger von Nepomuks kleiner kräftiger Hand auf seiner Backe als rosa Abdruck erkennen konnte.

Nun verschlug es nicht nur Andreas, sondern auch Herrn Gröger die Sprache. Beide setzten sich auf ihre Plätze. Auch wir begaben uns auf unsere Plätze und eine Weile war es ganz still im Klassenzimmer. Dann sagte Herr Gröber: „Und jetzt schlagt bitte in eurem Mathematikbuch die Seite 87 auf. Dort finden wir ein paar schöne Textaufgaben über die Ernte der Bauern. Wir wollen mal sehen, ob wir sie alle lösen können."

Das war die erste schöne und interessante Mathematikstunde, die wir bei Herrn Gröber hatten. Und es sollte zum Glück nicht die letzte bleiben.

Nach einigen Tagen fragte ich Nepomuk: „Was hast du denn eigentlich mit dem Bauern besprochen und mit Herrn Gröber, dass der angefangen hat, unsere Körbe zu schleppen?"

„Du hast doch gesehen, wie müde der Bauer oft war, der immer so nett zu uns war. Du weißt ja, die schweren Körbe. Und da habe ich ihn gefragt, ob er nicht mal eine Pause machen will und dass unser Klassenlehrer ihn gerne vertreten möchte. Und er soll mir Plastemarken geben, die ich dem Lehrer mitbringen soll, damit er sie den Kindern geben kann", berichtete mir Nepomuk.

„Und weiter?", fragte ich, „was hast du dem Herrn Gröger gesagt?" „Ja, dem hab ich viele Grüße von dem Bauern ausgerichtet, und dass der fragt, ob der Lehrer ihm nicht helfen könnte, weil es ihm nicht so gut geht, er hätte ganz tolle Rückenschmerzen von den schweren Körben und so weiter, und dass der Lehrer doch sehr stark aussehen würde und eine große Hilfe bei der Ernte sein könnte. Ja, so ungefähr habe ich es dem Herrn Gröger gesagt."

Ja, und so ist es also gekommen, dass der Herr Gröger sich von einem schlecht gelaunten Aufpasser in einen fleißigen Helfer verwandelte. Und ein besserer Lehrer ist er auch noch geworden!

Wenn ihr noch etwas mehr über die LPG wissen möchtet, dann könnt ihr das Kapitel im Anhang am Ende dieses Buches lesen. Es heißt: „Was ihr vielleicht noch über die LPG erfahren möchtet".

WIE WIR TANTE SIBYLLE EINE KLEINE FREUDE MACHTEN

Ich glaube, dass es für euch nicht leicht ist, euch vorzustellen, wie unser Leben in der DDR ablief. Das können sich sogar viele nicht mehr vorstellen, die damals gelebt haben. Manche von ihnen reden so über die DDR, dass man meinen könnte, sie erzählen vom Schlaraffenland oder gar vom Paradies, in dem wir alles Glück und allen Wohlstand und vor allem alle Freiheit hatten, die man sich nur wünschen kann.

Wir haben in der DDR keinen Hunger gelitten, aber was uns wirklich fehlte, das war die Freiheit. Die DDR war wie ein großes Gefängnis. Uns Kindern war das nicht so bewusst wie unseren Eltern, aber je älter wir wurden, desto mehr empfanden auch wir das. Diese Gefangenschaft bestand nicht nur darin, dass wir nur in ganz wenige Länder verreisen durften, zum Beispiel in die Tschechoslowakei, nach Ungarn und nach Polen. Aber schon unsere angeblich besten Freunde, die Sowjetmenschen besuchen zu wollen, war ein Gedanke, den man nicht in die Tat umsetzen konnte, wenn man nicht ein vorbildlicher DDR-Bürger war. Und da meine Eltern keine Lust darauf hatten, in irgendeinem Straflager in Sibirien zu landen, verwarfen sie jeden heimlichen Wunsch auf eine Reise in die Sowjetunion. Ich glaube, meine Mutter wäre sehr gern einmal dorthin gefahren, denn sie gehörte zu den wenigen DDR-Bürgern, die die russische Sprache und die russische Literatur sehr liebten.

Wenn ein DDR-Bürger auf die Idee kam, in ein Land reisen zu wollen, das für uns verboten war, dann endete dieser Versuch meist damit, dass dieser Bürger für einige Jahre ins Gefängnis gesperrt wurde. Oder er wurde am Überschreiten der Grenze gehindert, indem man ihn einfach erschoss. An den Grenzen waren Stacheldrahtzäune und große Wachttürme, auf denen Grenzsoldaten nach ausreisewilligen DDR-Bürgern Ausschau hielten. Und wenn sie einen entdeckten, schossen sie mit ihren Gewehren auf ihn. Wenn dieser diese Schüsse tatsächlich überlebt hatte, landete er im Gefängnis.

Genauso schlimm war es auch um die geistige Freiheit der DDR-Bürger bestellt. Wenn einer es wagte, in der Schule, in der Universität oder bei der Arbeit laut vor anderen etwas zu sagen, das die Regierung oder irgendeine andere politische Institution unserer Republik kritisierte, konnte er ziemlich sicher sein, dass das für ihn unerfreuliche Konsequenzen mit sich brachte. Er wurde zur Rede gestellt und verhört, verlor mitunter seinen Arbeits- oder Studienplatz oder landete ebenfalls im Gefängnis.

Und damit unserer Regierung ja keiner durch die Lappen ging, der irgendetwas zu bemängeln hatte an unserer schönen Republik, hatte sie eine ganz spezielle Institution erfunden: Die Stasi. Viele ihrer Mitarbeiter fanden in ihr einen Ganztagsjob, in dem sie überdurchschnittlich viel Geld verdienten. Aber noch viel mehr ihrer Mitarbeiter fanden in ihr einen einträglichen Nebenverdienst. Sie belauschten und bespitzelten ihre Nachbarn, ihre Freunde, manchmal sogar die Mitglieder der eigenen Familie. Und sie berichteten der Stasi alles, was die Bespitzelten sagten oder machten, ohne dabei ein schlechtes Gewissen zu haben. Die meisten von ihnen taten diese Arbeit freiwillig, weil sie dachten, dadurch bei der Regierung besser angesehen zu sein, beruflich gut vorwärts zu kommen und natürlich, um Geld zu verdienen. Sicher gab es auch Ausnahmen. Es kam vor, dass jemand zum Beispiel beim Klauen erwischt wurde. Und es wurde ihm gedroht, ins Gefängnis gesteckt zu werden. Gleichzeitig wurde ihm angeboten, nicht ins Gefängnis zu müssen, wenn er von nun an auch für die Stasi arbeiten würde. Ihr könnt euch sicher vorstellen, dass in so einem Fall fast jeder lieber zum Spitzel wurde, als in ein DDR-Gefängnis eingesperrt zu werden.

Die Gefängnisse waren ziemlich gefüllt mit Menschen, die beim Ausreisen erwischt worden waren oder die einen mehr oder weniger zaghaften Versuch gewagt hatten, die politische Situation im Land verändern zu wollen. Wenn ein Mensch viele Jahre im Gefängnis gesessen hatte, dann konnte es passieren, dass ihm danach gestattet wurde, die DDR verlassen zu dürfen. Aber leider wurde ihm danach nur in den seltensten Fällen gestattet, seine Verwandten in der DDR einmal wieder besuchen zu dürfen.

Eines der berüchtigtsten DDR-Gefängnisse war in Bautzen und wurde von der Bevölkerung „das gelbe Elend" genannt. Ihr hört schon an dem Namen, dass es sicher alles andere als ein Vergnügen war, in diesem Gefängnis sitzen

zu müssen.
Die Mitarbeiter der Stasi schämten sich auch nicht, Telefongespräche mitzuhören und diese auch, wenn ihnen der Gesprächsverlauf nicht gefiel, einfach zu unterbrechen.
Ja, so sah es also aus mit der Freiheit in der DDR.
Obwohl wir nicht in das westliche Ausland reisen durften, kamen ziemlich oft Gäste aus Westdeutschland zu uns: andere Verwandte oder Mitglieder der Partnergemeinden. Wenn ein bestimmter Onkel meiner Mutter zu Besuch kam, brauchte man nicht lange auf auffällige schwarze Autos mit undurchsichtigen Fensterscheiben zu warten, die sonst eher selten in unseren Straßen zu sehen waren. Sie parkten provokativ in der Nähe unseres Hauses, um damit zu demonstrieren, dass dieser Onkel in der Deutschen Demokratischen Republik nicht willkommen war. Er gehörte nämlich zu den Gründern der Partei der Grünen und hatte einen ziemlich hohen Posten in dieser Partei. Und da es um den Umweltschutz in der DDR ziemlich mies bestellt war, störte eine Person, die zu den Grünen gehörte, in ganz besonderer Weise.
Und so saßen die Stasi-Männer in ihren schwarzen Limousinen und warteten viele Stunden und Tage, bis der ungebetene Gast aus dem Feindesland wieder abgereist war.
Für uns waren all diese West-Besuche immer sehr aufregend und eine willkommene Abwechslung. Wir fuhren mit ihnen in die jetzige Hauptstadt Sachsens, die damals als die Bezirkshauptstadt Dresden bezeichnet wurde. Oder wir wanderten in deren Umgebung, zum Beispiel in Moritzburg und natürlich immer wieder in unserer sehr geliebten Sächsischen Schweiz. Wir freuten uns, wenn es den Gästen aus dem „goldenen Westen" auch ein bisschen in unserer Gegend gefiel.
Viele unserer Gäste brachten auch für uns Jungen ein kleines Geschenk mit. Am meisten freuten wir uns über Matchbox-Autos. Im Laufe der Jahre entstand eine stattliche Sammlung, die wir sehr gut pflegten und die zum großen Teil noch heute existiert. Manchmal schenkte der Besuch meinen Eltern auch ein bisschen Westgeld. Damit konnte man sogar in der DDR in einem bestimmten Geschäft einkaufen. Dieses Geschäft nannte sich Intershop.
In den letzten Jahren musste man aber vor dem Einkauf das Westgeld auf einer Bank eintauschen in sogenannte Forum-Schecks. Die sahen überhaupt

nicht mehr hübsch aus, aber nur mit ihnen konnte man etwas im Intershop erwerben. Manchmal nahmen uns unsere Eltern mit in den Intershop. In diesem Geschäft roch es völlig anders als in all den anderen Läden, die wir kannten. Es roch irgendwie betörend nach all dem Westkaffee und den feinen Klamotten.

Wenn unsere Eltern uns mit in den Intershop nahmen, durften wir uns jedes Mal ein Matchbox-Auto aussuchen. Meist gab es dazu einen besonderen Anlass, zum Beispiel, wenn wir unseren Eltern ganz besonders fleißig geholfen hatten. In jedem Herbst brachte ein großer Laster einen riesigen Haufen Briketts und kippte diese in unseren Hof. Und meine Mutter freute sich dann riesig, wenn wir Jungen sie unterstützten, diesen Kohlenberg in den Schuppen zu räumen. Wir brauchten die Kohlen ja im Winter für unsere Öfen zum Heizen.

Aber es kam nicht sehr oft vor, dass unsere Gäste uns Westgeld schenkten, denn die Regierung der DDR verlangte von jedem Gast aus der Bundesrepublik, also aus Westdeutschland, täglich 10,- DM, die sie auf der Bank in 10,- Mark der DDR umzutauschen hatten. So wurde der Aufenthalt in der DDR für die lieben Westgäste stets eine sehr kostspielige Angelegenheit, je nachdem, wie viele Tage sie uns besuchten. Wahrscheinlich verfolgte die Regierung auch das Ziel, den Besuch aus dem imperialistischen Feindesland schnell wieder loszuwerden.

Und es erstaunt mich noch heute, dass die meisten von ihnen trotzdem zu uns kamen und uns sogar noch Geschenke mitbrachten, zum Beispiel Westkaffe, der für die Bürger der DDR so etwas Ähnliches war wie die Goldbarren für die Olsenbande. Meine Eltern tranken zwar keinen Kaffee, aber meine Mutter war stets aufs Äußerste beglückt über jedes Päckchen Kaffee, da sie es als wertvolles Zahlungsmittel verwendete. So konnte sie zum Beispiel für ein Päckchen Kaffee (das sind nur 500 Gramm) bei einem Bauern für einen Monat lang täglich einen Liter Ziegenmilch für uns Jungen „kaufen". Und weil Ziegenmilch eine ganz besonders gesunde Milch ist, war sie glücklich, sie mithilfe des Westkaffees für uns erwerben zu können.

Unsere Gäste aus dem Westen wussten jedoch meist nicht so recht, was sie in der DDR mit dem Ostgeld machen sollten. Es gab ja nicht viel zu kaufen, und das meiste war in der Bundesrepublik viel billiger. So kauften sie Noten

oder Musikinstrumente, auch wenn sie gar kein Musikinstrument spielten. Oder sie holten sich Schallplatten mit Musik von Mozart, obwohl sie zu Hause eigentlich nur Platten von den Beatles oder Rolling Stones anhörten. Oder sie kauften sich den 25. Räuchermann aus dem Erzgebirge.
Nun konnte es aber noch ein Problem für sie werden, all die erworbenen Kostbarkeiten über die Grenze in ihre Heimat zu bringen. Falls sie zum Beispiel mehr als eine Flöte gekauft hatten, dann konnte es passieren, dass der Zöllner an der Grenze plötzlich seine Liebe zum Musizieren entdeckte und gleich mal eine Flöte einbehielt. Also, alles in allem muss man schon sagen, unsere lieben Gäste aus Westdeutschland nahmen wirklich viele Schikanen und finanzielle Verluste auf sich, um uns mit ihrem Besuch zu erfreuen.
Aber nicht aller Besuch aus dem Westen war für unsere Familie eine Beglückung, so zum Beispiel Tante Sibylle. Schon bevor sie ankam, konnten wir auf dem Gesicht unserer Mutter eine gewisse Anspannung erkennen. An die Tatsache, dass sie keinem von uns jemals irgendein Geschenk mitgebracht hatte, gewöhnten wir uns, aber dass sie mit ihrer chronischen schlechten Laune und ihrer ständigen Nörgelei die fröhliche Atmosphäre in unserer Familie vergiftete, war mehr als gewöhnungsbedürftig.
Sie meckerte, weil wir beim Essen nicht so still und brav saßen, wie sie sich das vorstellte. Oder sie nörgelte, weil wir unsere Autoquartette auswendig daherschnurrten, anstatt etwas Anständiges zu lernen. Sie regte sich darüber auf, dass meine Mutter meinen jüngeren Brüdern ihre Milch aus einer Trinkflasche zu trinken gab, anstatt diese in einer Tasse zu servieren. Aber ihr wisst ja schon, mit welch wertvoller Währung meine Mutter die Ziegenmilch bezahlt hatte. Und für euch ist es sicher einsichtig, dass man dieses kostbare Getränk kleinen Brüdern nicht in Tassen servieren kann, da es ihnen mitten beim Trinken einfällt, auf den Tisch zu klettern. Und im Nu ist dann so eine Tasse umgefallen und all die gute Ziegenmilch verloren. Aber so viel Einsicht wie ihr hatte die Tante Sibylle halt nicht.
Am meisten auf die Nerven ging uns jedoch, dass sie uns ständig ermahnte, nicht sächsisch zu sprechen. Ihr könnt ja mal einen Bayern ermahnen, nicht bayrisch zu sprechen! In ähnlicher Weise vergeblich ist es, einem Sachsen das Sächsische abzugewöhnen. Wir Kinder versuchten es erst gar nicht. Doch meine Mutter, die immer bemüht war, Frieden und Harmonie in ih-

rem Umfeld zu bewahren, begann plötzlich furchtbar künstlich zu sprechen, sodass wir uns während der Anwesenheit von Tante Sibylle überhaupt nicht mehr gern mit unserer Mutter unterhielten und den Tag von Tante Sibylles Heimreise herbeisehnten.

Doch eines Tages geschah das Unglaubliche: Tante Sibylle kam zu uns zu Besuch. Wir saßen gerade am Abendbrottisch. Meine Mutter hatte viele leckere Speisen zubereitet, sogar noch mehr als sonst, weil ja Besuch aus dem Westen erwartet wurde, nämlich in diesem Fall Tante Sibylle.

Nachdem sie uns begrüßt hatte, ging sie zu ihrer Reisetasche und verkündete dabei: „Ich habe euch etwas Tolles mitgebracht!"

Wir hielten förmlich den Atem an. Welche Verwandlung war mit Tante Sibylle vor sich gegangen? Und dann fischte sie etwas aus ihrer Tasche. Es sah aus, wie ein riesengroßes dunkelgrünes Hühnerei.

„Wisst ihr, was das ist? Und wollt ihr es mal anfassen?", fragte Tante Sibylle. Wir nickten, und dann durften wir alle dieses seltsame Ei berühren. Es fühlte sich glatt und ein bisschen weich an. Und an einigen Stellen zeigten sich braune Flecken.

„Das ist eine Avocado", ließ die kluge Tante Sibylle verlauten, „und die dürft ihr jetzt mit mir essen." Tante Sibylle setzte sich auf den für sie vorbereiteten Platz an unserem Abendbrottisch, ließ sich von meiner Mutter ein scharfes Küchenmesser geben und schnitt die Avocado genau in der Mitte durch. Dann gab sie mir die eine Hälfte mit der Aufforderung: „Die darfst du dir jetzt mit deinen Brüdern teilen. Und wenn ihr noch etwas Salz darauf streut, schmeckt sie noch besser!"

Ich nahm die dargebotene Hälfte, schnitt sie in viele kleine Stücke und verteilte diese unter meinen Brüdern und unserem Freund Nepomuk, der ja - wie fast immer - bei uns zu Gast war. Brav, weil Tante Sibylle es gesagt hatte, hatte ich zuvor etwas Salz auf alles gestreut. Wir kosteten und aßen. Es schmeckte so ähnlich wie gekochte Eier mit Salz, nur etwas schlechter.

Und was geschah mit der anderen Hälfte? Die aß mit viel Genuss Tante Sibylle ganz alleine auf. Vielleicht war sie der Meinung, dass die unterbelichteten DDR-Bürger gar nicht zu schätzen wüssten, was für eine exzellente tropische Frucht ihnen soeben angeboten worden war. Und darin hatte die Tante Sibylle ja sogar ein bisschen Recht. Uns Jungen bekümmerte es nicht

wirklich, dass unsere Avocado-Anteile nicht größer ausgefallen waren.
So sah also das tolle Geschenk aus, das Tante Sibylle uns mitgebracht hatte.
Mein Freund Nepomuk, der während des gesamten Abendbrots meine Tante Sibylle mit mitleidigen Blicken beobachtet hatte, fragte mich nach dem Essen: „Ist deine Tante sehr arm?"
Da ich ihm auf diese Frage keine Antwort geben konnte, sprachen wir nicht länger über diese Angelegenheit.
Nach einigen Tagen Tante-Sibylle-Gegenwart, die Nepomuk, meine Brüder und ich hauptsächlich in unserer Bude verbracht hatten, erschallte plötzlich wie aus heiterem Himmel aus dem Mund meines Freundes der mir wohlbekannte Satz: „Felix, hier muss unbedingt gehandelt werden!"
Irgendwie hatte ich so eine blasse Ahnung, dass das vor uns liegende Handeln mit Tante Sibylles Besuch zu tun haben könnte, denn ihre Anwesenheit in unserem Gelände lag wie eine dunkle Wolke über uns allen. Und ich hätte meine Sparbüchse dafür geleert, wenn sich jemand geopfert hätte, Tante Sibylle mit zu sich nach Hause zu nehmen. Noch ehe ich fragen konnte, was wir denn tun müssen, platzte Nepomuk begeistert heraus: „Wir müssen ihr eine Freude machen!"
„Wem müssen wir eine Freude machen?", fragte ich. Vielleicht meinte er unsere Lehrerin, die zurzeit gerade krank war, aber schon erfuhr ich das Zielobjekt unserer Liebe.
„Na, deiner Tante Sibylle!"
„Der?", erwiderte ich, „die macht uns doch auch keine Freude!"
Aber mit solchen Argumenten kam ich nicht an bei meinem Freund Nepomuk. Der passte nämlich - im Gegensatz zu mir - immer sehr gut im Kindergottesdienst auf.
„Deine Mutter hat uns doch die Geschichte aus der Bibel erzählt, wo Jesus gekreuzigt wurde und dass er sogar seine Feinde geliebt hat. Und wir sollen es genauso machen und auch unsere Feinde lieben", erklärte er mir.
Ja, daran konnte ich mich blass erinnern. Aber unter Feinden stellte ich mir etwas anderes vor als Tante Sibylle, eher solche böse Soldaten aus dem imperialistischen Feindesland, die uns mit ihren Gewehren überfallen und töten wollen. Aber vielleicht war Tante Sibylle der Klassenfeind, vor dem wir in der Schule ständig gewarnt wurden. Doch ich diskutierte nicht lange mit

meinem Freund und dachte, dass es vielleicht wirklich vernünftiger ist, etwas Nettes für Tante Sibylle zu machen, als immer nur darauf zu warten, dass sie wieder abreist.
„Aber mit was können wir ihr denn eine Freude machen?" fragte ich nur.
„Vielleicht mit was zum Essen. Die hat doch egal Hunger." Ja, das war gar keine schlechte Idee. Aber was zum Essen? Wir überlegten. Dann fuhr Nepomuk fort: „So lange, wie sie hier ist, braucht sie kein Essen, weil deine Mutter sie ja vollstopft. Sie braucht was, was sie mit in den Westen nehmen kann."
Ja, auch darin hatte Nepomuk recht. Das Essen war das Einzige, womit meine Mutter Tante Sibylle einigermaßen bei Laune halten konnte. Nun begann ich zu überlegen, mit welchen haltbaren Nahrungsmitteln wir Tante Sibylle erfreuen könnten. Doch alles, was vor meinen inneren Augen ablief, was an Köstlichkeiten in den Regalen unseres Konsums stand, war nichts im Vergleich zu den Süßigkeiten, die uns anderer Westbesuch im Laufe der vergangenen Jahre mitgebracht hatte und die somit im Westen auch Tante Sibylle zur Verfügung stehen mussten, wenn sie wieder in ihrer Heimat angekommen war.
Dann kam mir die rettende Idee.
„Kraftnahrung!", schrie ich.
„Ja, Kraftnahrung, das ist genau das Richtige!", erwiderte Nepomuk.
Ich sauste in unsere Küche, wo im Regal ein ganz altes Kochbuch meiner Mutter stand. Mit diesem sauste ich schnurstracks zurück in unsere Bude. Das Buch war schon im Jahr 1933 erschienen und enthielt viele vegetarische Rezepte. Meine Mutter war, wie ihr ja bereits wisst, immer sehr darauf bedacht, ihre Familie gesund zu ernähren. Und dieses alte Kochbuch entsprach genau ihren Vorstellungen.
Und manchmal bezog sie uns sogar in die Zubereitung einiger Spezialitäten aus diesem besonderen Kochbuch ein: Einige Tage, bevor wir in der Schule Wandertag oder eine große Familien-Wanderung oder einen Wanderurlaub geplant hatten, wurde Kraftnahrung hergestellt. Und weil sich das stets als eine ziemlich aufwendige Arbeit gestaltete und meine Mutter das allein nicht geschafft hätte, durften wir ihr dabei helfen. Deshalb wusste ich, dass das Rezept für die Herstellung der Kraftnahrung genau in diesem alten Koch-

buch zu finden war. Wieder bei Nepomuk angekommen, begann ich sofort das Rezept zu suchen und fand es, obwohl es kein Inhaltsverzeichnis in dem Buch gab, auf Seite 45. Dort stand es, und ich las es Nepomuk vor: „Kraftnahrung: 1/2 Pfund Haferflocken, 1/2 Pfund Weizenflocken, 1/2 Pfund geriebene Haselnüsse, ein Pfund Sultaninen, 1/2 Pfund Kokosflocken, 1/4 Pfund Rohrzucker, abgeriebene Schale von etwa 10 Zitronen, 2 Esslöffel voll Anissamen, 1/2 Teelöffel Ingwer- oder Vanillepulver. Alles gründlich vermengen. Diese Menge kann natürlich nicht zum Frühstück verzehrt werden, sondern gibt nur das Mengenverhältnis an. Hält sich ein ganzes Leben lang und noch länger, wenn keinerlei Flüssigkeit zugegeben wird. Wie viel man von der Kraftnahrung essen soll, ist ganz individuell und richtet sich nach dem Kraftverbrauch und Bedarf. Diese Kraftnahrung soll bei gutem Gebiss stets trocken gegessen werden, da sie uns zum gründlichen Kauen zwingt, wodurch der Geschmack und Wert erhöht wird. Nur Zahnlose sollen diese Kraftnahrung einweichen. Man isst abwechselnd einen Esslöffel Kraftnahrung und etwas Obst. Zweckmäßig bewahrt man diese Kraftnahrung in einer geschlossenen Dose auf."
Als ich mit dem Lesen fertig war, bemerkte Nepomuk: „Ja, Bedarf hat sie und auch ein sehr gutes Gebiss!"
Nun sahen wir uns das Rezept noch einmal genauer an.
„Habt ihr dieses ganze Zeug zu Hause?", fragte Nepomuk.
„Nein", erwiderte ich, „aber meine Mutter lässt manchmal was weg und macht dafür was anderes rein."
„Und habt ihr das andere Zeug da?", fragte er weiter.
„Bestimmt", sagte ich, „wir können ja mal gucken gehen. Jetzt schreiben wir erst einmal alles auf, was wir brauchen."
Ich hole einen großen Zettel und wir schrieben uns die Bezeichnungen aller für die Herstellung der Kraftnahrung nötigen Zutaten auf. Dann stellte ich Mutters Kochbuch wieder an seinen Platz. Meine Mutter und Tante Sibylle waren mit meinen zwei kleinsten Brüdern nach Moritzburg gefahren. So hatten wir Ruhe, um uns auf die Herstellung der Kraftnahrung vorzubereiten.
Als Clemens von unserem Vorhaben erfuhr, war er natürlich sofort Feuer und Flamme, uns dabei zu helfen. Und das war auch wirklich vonnöten. Er wusste nämlich stets viel besser als ich, wo unsere Mutter all diesen Haus-

haltskram aufbewahrte. Wir brauchten zum Beispiel auch die Mandelmühle zum Mahlen der Nüsse. Doch zuerst schauten wir in unseren Vorratsschrank. Dort fanden wir sogleich Haferflocken, aber Weizenflocken gab es keine.
„Ich glaube, die gibt es gar nicht zu kaufen", sagte Clemens, „Mutter nimmt immer nur Haferflocken. Dann fanden wir Haselnüsse und Walnüsse. Clemens suchte noch den Nussknacker und Nepomuk musste, weil er der Stärkste war, Nüsse knacken. Leider fanden wir keine Küchenwaage.
„Ich glaube, Mutter nimmt nie eine Küchenwaage, sie weiß auch so, wie schwer das alles ist. Wir knacken einfach so viele Nüsse, bis Nepomuk nicht mehr kann", so sprach mein kluger Bruder Clemens, und ich war von Herzen dankbar, dass er uns zur Seite stand. Ich fand noch eine große Schüssel. Auf der Haferflockentüte stand: Inhalt 500 g. Das war also genau die Menge, die wir brauchten,
250 g Haferflocken und 250g Weizenflocken, an deren Stelle wir gleich noch mal Haferflocken verwendeten.
„Was sind Sultaninen?", fragte ich.
Keiner wusste es. Also, was sollten wir denn als Ersatz nehmen für etwas, von dem wir nicht einmal wussten, was es war? Doch dann fiel mir ein, dass Mutter in unsere Kraftnahrung immer getrocknete Beeren gab, die wir im Wald gesammelt und dann getrocknet hatten. Vielleicht bezeichnete man so etwas als Sultaninen. Wir suchten im Vorratsschrank und fanden ein Glas mit getrockneten Himbeeren und Heidelbeeren. Beglückt kippten wir sie zu den Haferflocken.
„1/2 Pfund Kokosflocken", stand als Nächstes auf meinem Zettel. „Was sind denn Kokosflocken?", fragte ich die anderen. Aber auch in dieser Frage konnte mir keiner weiterhelfen. „Und Rohrzucker?"
„Das klingt so ähnlich wie Zucker", bemerkte Nepomuk vor seinem Nüsse-Berg, „Zucker werdet ihr ja wohl haben!"
„Nein, Zucker nehmen wir nicht, den nimmt unsere Mutter auch nicht. Sie sagt immer, das ist die Geisel der Menschheit", gab Clemens zu bedenken.
„Was ist das?", fragte nun wieder Nepomuk.
Aber darauf wusste nicht einmal mein hauswirtschaftlicher Bruder Clemens eine Antwort.
Also, mir wurde meine Zutaten-Liste allmählich zu einem unlösbaren Prob-

lem, mein jüngerer Bruder Clemens war jedoch in seinem Element. Für ihn gab es keine praktischen Probleme. Er schnappte sich das noch fast gefüllte Honigglas und einen großen Löffel und entleerte es völlig hinein in unsere große Kraftnahrung-Schüssel.

Mit neuer Zuversicht las ich die nächste Zutat vor: „Abgeriebene Schale von etwa 10 Zitronen." Was Zitronen waren, wussten wir, aber wir fanden keine. „Und jetzt brauchen wir noch Anissamen und Ingwerpulver oder Vanillepulver."

War das wirklich das Rezept, nach dem meine Mutter unsere Kraftnahrung mit uns herstellte? Ich war mir plötzlich nicht mehr sicher, ob ich in dem richtigen Kochbuch nachgeschaut hatte. Ich ging noch mal zum Küchenregal, in dem die Kochbücher standen. Dort fand ich noch ein rotes Kochbuch. Es hieß „Wir kochen gut", war aber viel zu modern, denn es war erst im Jahr 1968 erschienen. Und daneben stand noch „Das Backbuch", das war noch moderner, nämlich aus dem Jahr 1974. Nein, wir hatten schon das richtige Buch herausgesucht. Und dennoch konnte ich mich nicht erinnern, dass meine Mutter solche seltsamen Dinge wie Ingwer oder Anis verwendet hatte.

„Geh doch mal in den Konsum und hol das ganze Zeug, was deine Mutter nicht hat", schlug Nepomuk vor.

Ja, das war eine gute Idee. So holte ich schweren Herzens - doch man soll ja seine Feinde lieben - ein bisschen Geld aus meiner Sparbüchse und machte mich mit Clemens auf den Weg in den nahe gelegenen Konsum.

Es waren keine anderen Kunden anwesend. Die nette Verkäuferin fragte uns nach unseren Wünschen. Ich zählte alles auf, was uns für unsere Kraftnahrung noch fehlte.

„Wir brauchen Kokosflocken, 10 Zitronenschalen, Anissamen und Ingwerpulver oder Vanillepulver."

Die Verkäuferin schaute mich mit großen Augen an, doch dann schien sie einige gute Ideen zu haben, denn ihr Gesicht hellte sich auf.

„Passt auf", sagte sie, „ihr habt doch zu Hause bestimmt für euren kleinen Bruder Fencheltee. Und anstelle von Anis könnt ihr den nehmen. Und eure Mutter hat doch im Garten Zitronenmelisse."

„Ja!", sagte Clemens und strahlte, „davon hat sie gestern Abend erst wieder für uns alle Tee gekocht, die kenne ich."

„Seht ihr"; fuhr die Verkäuferin fort, „ihr nehmt einfach paar Blättchen von der Melisse, da braucht ihr keine Zitronenschale. Und ich gebe euch noch ein Päckchen Vanillepudding mit."
So bezahlte ich das Puddingpulver und wir gingen wieder heim.
Clemens holte gleich aus dem Garten die Melisse und wir setzten unsere wichtige Küchenarbeit fort. Nepomuk hatte inzwischen schon einen großen Berg Nüsse geknackt, die ich nun mithilfe der Mendelmühle mahlte. Clemens fand den Fencheltee, streute ein paar Körnchen in die Schüssel, schnitt mit einem Messer die Melisseblättchen klein und gab auch sie zusammen mit den gemahlenen Nüssen in unsere große Schüssel. Das Vanillepuddingpulver stellte ich vorsichtshalber mit in unseren Vorratsschrank - als Ersatz für die getrockneten Beeren. Nun begannen wir, diese bunte Mischung zu verrühren. Doch der Honig klebte am Löffel und es entstand keine so schöne Knete wie sonst.
„Wir müssen sie mit der Hand verkneten, so macht es Mutter doch auch immer", wusste Clemens Rat.
Wir wechselten uns also ab, diese Mischung zu einem zusammenhängenden Brei zu verarbeiten. Und stellt euch vor, wir schafften es! Es entstand tatsächlich so ein wunderbarer Klumpen - genau wie bei meiner Mutter. Nun begann der Teil der Arbeit, der uns am besten geläufig war. Aus dem Brei formten wir viele kleine Kügelchen, die wir auf Butterbrotpapier legten. Und diese packten wir hübsch säuberlich in eine kleine Kiste. Zum Glück passten nicht alle hinein, sodass wir einige für uns zur Seite legten.
Clemens hatte inzwischen schon begonnen, in der Küche aufzuräumen. Wir wuschen gemeinsam ab und räumten alle Küchengeräte wieder an ihren Platz. Dann versteckte ich die Pappkiste für den geliebten Feind unter meinem Bett. Wir schnappten uns unsere Kraftnahrungsbällchen und sausten wieder in den Garten und in unsere Bude. Dort verspeisten wir nun in aller Ruhe unsere ganz allein hergestellte Kraftnahrung. Und neue Kraft konnten wir nach dieser Anstrengung wirklich gebrauchen.
Und ob ihr es glaubt oder nicht, die Kraftbälle schmeckten wunderbar und waren fast so lecker wie die, die Mutter immer mit uns machte. Aber eben wirklich nur fast. Für die Tante Sibylle waren sie jedenfalls lecker genug und schmeckten allemal besser als ihre Avocado.

Als Tante Sibylle nach einigen Tagen endlich wirklich ihre Reisetasche gepackt hatte und sich von uns verabschieden wollte, überreichte ich ihr unsere kleine Pappschachtel. Und dann war sie endlich weg. Wir Jungen schrien wieder nach Herzenslust durchs ganze Haus. Meine Mutter warf sich auf das große Sofa in unserem Kinderzimmer und sagte mit einem tiefen Seufzer: „Jez gömmer wieder Sachsen sein!"
Einige Tage später fragte sie uns, ob wir wüssten, wo die getrockneten Beeren aus ihrem Küchenschrank geblieben wären. Sie wolle wieder Kraftnahrung für unseren baldigen Urlaub mit uns herstellen. Es blieb uns nichts anderes übrig, als ihr zu beichten, dass wir selbst aus ihnen Kraftnahrung als Geschenk für Tante Sibylle hergestellt hatten. Da war meine Mutter echt sauer. Geschimpft hat sie nicht mit uns, aber ich habe ihr angesehen, dass es bei ihr mit der Feindesliebe nicht gerade bestens bestellt war. Und das hat mich ungemein getröstet.
Tante Sibylle hat uns in den darauf folgenden Jahren mit manch weiterem Besuch das Leben schwer gemacht. Mitgebracht hat sie uns nie wieder etwas, nicht einmal eine Avocado. Vielleicht wurde ihr auch endgültig klar, dass all die in glitzerndes Papier eingepackten Naschereien aus dem Westen nichts waren gegen die wunderbaren Kraftnahrungs-Kugeln, die wir in der DDR herstellten.

Wenn ihr noch mehr über die Stasi lernen wollt, dann könnt ihr es im Anhang unter dem Kapitel „Was ihr vielleicht noch über die Stasi erfahren möchtet" nachlesen.

WIE NEPOMUK UND ICH DICKER WERDEN SOLLTEN

Manchmal mussten wir in der Schule in unsere Hausaufgabenhefte schreiben: „Morgen kommt der Schulzahnarzt. Versicherungsausweis mitbringen und Zähne putzen!" oder: „Am Dienstag findet die schulärztliche Untersuchung statt. Ausweis mitbringen, gewaschen und in sauberer Unterwäsche erscheinen!"
Der Tag, an dem der Schulzahnarzt in die Schule kam, gefiel mir immer sehr

gut. Wir hatten nicht so viele Unterrichtsstunden, weil wir warten mussten, bis alle Zähne unserer Klasse untersucht waren. Außerdem war der Zahnarzt sehr nett und lobte mich immer, weil ich keine Löcher in den Zähnen hatte. Wenn die Schulärztin kam, hatten wir auch nicht so viel Unterricht, aber mir gefiel der Tag erst, wenn ich meine Untersuchung hinter mir hatte. Alle Schüler unserer Klasse mussten sich bis auf die Unterwäsche ausziehen. In alphabetischer Reihenfolge geordnet mussten wir uns dann im Flur in einer langen Schlange vor dem Untersuchungszimmer anstellen. Das Untersuchungszimmer war auch ein Klassenraum.

Wenn ich dann vor der Ärztin stand, schaute sie mir in den Mund und legte mir ein flaches Holzstäbchen auf die Zunge. Das war genauso eines wie beim Eis am Stiel. Ich sollte nun „Aaaaa" sagen, was aber sehr komisch klang mit so einem Holz-Stab auf der Zunge. Dann musste ich mein Hemd ausziehen, die Ärztin hörte mich vorn und hinten mit einem Stethoskop ab und klopfte mir dabei auf Brust und Rücken. Zu meinem allergrößten Verdruss musste ich dann sogar noch meine Unterhosen runterziehen und sie schaute sich mein Ding an. Ich hoffte die ganze Zeit, dass sie doch ein bisschen schneller gucken möge.

Was danach geschah, war nur noch Kinderkram: Eine Krankenschwester ließ mich auf große und kleine Buchstaben sehen, die ich ihr vorlesen musste. Und im Nachbarzimmer empfing mich eine weitere Krankenschwester, die mich in eine Ecke mit dem Gesicht zur Wand stellte. Von der gegenüberliegenden Ecke flüsterte sie dann verschiedene Worte, die ich laut nachsprechen sollte, zum Beispiel „Straßenbahn" oder „Staatsratsvorsitzender". Na, ihr wisst es schon, sie wollte nur überprüfen, ob ich ihr gut zuhöre.

Dann konnte ich wieder in unser Klassenzimmer gehen und mich anziehen. Dort ging es inzwischen ziemlich lustig zu. Wir sollten zwar eine Geschichte aus dem Lesebuch lesen, aber ich hatte das Lesebuch doch schon längst durchgelesen und ich glaube, die anderen auch, denn es las keiner. Wir spielten lieber „Schiffe versenken" oder ließen Papierflieger durch das Zimmer schweben.

Einige Tage nach einer dieser Schuluntersuchungen bekamen meine Eltern einen Brief von der Schulärztin. Darin teilte sie mit, dass ich Untergewicht hätte und zu einer Kur in ein Kinderheim an der Ostsee fahren sollte. Dazu

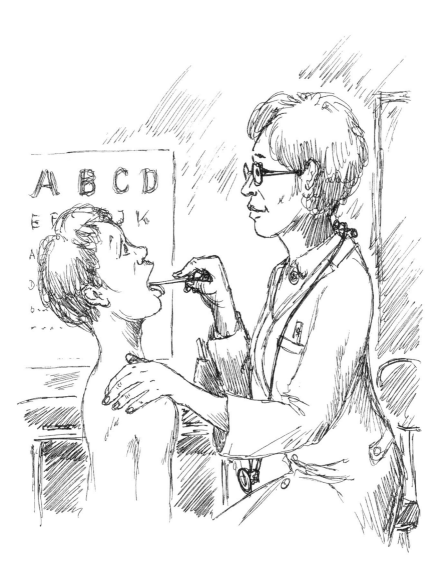

hatte ich gar keine Lust und meine Mutter erst recht nicht. Ich glaube, sie war ein wenig beleidigt. Ihr wisst ja, dass sie immer sehr viel kochte und mir jeden Tag ganz viele Schulbrote mitgab. Und sie ärgerte sich vielleicht, dass die Ärztin denkt, dass sie mich nicht gut genug versorgt. Als ich am nächsten Tag zur Schule kam, erzählte mir Nepomuk freudestrahlend, dass er zur Kur fahren soll, damit er dicker wird. Und das erzählte er später auch noch meiner Mutter. Daraufhin war sie dann nicht mehr ganz so verärgert darüber, dass auch ich zur Kur fahren sollte.

Im Herbst war es dann so weit. Meine Mutter packte mit mir meine Reisetasche und am folgenden Morgen brachte mein Vater mich zusammen mit Nepomuk in die Stadt. Wir fuhren mit der Eisenbahn und liefen dann zum Busbahnhof, wo bereits zwei große Reisebusse bereitstanden und vor ihnen viele Kinder. Aber außer Nepomuk kannte ich niemanden.

Als wir einsteigen durften, ergatterte Nepomuk sogleich zwei Plätze für uns. Nachdem ich mich von meinem Vater verabschiedet und ein ganz kleines bisschen geweint hatte, sah ich, dass Nepomuk am Fenster saß und mich zu sich rief. Dann begann unsere Fahrt. Wir winkten meinem Vater, solange wir ihn sehen konnten, mir wurde dann ein bisschen übel und ich hätte beinahe wieder geweint. Aber Nepomuk fragte mich, ob ich auch genug Reisebrote mithatte. Zum Glück hatte meine liebe Mutter dafür gesorgt, dass er nicht enttäuscht zu sein brauchte.

Nepomuk erzählte die ganze Zeit begeistert von der Kur und von dem vielen feinen Essen, das wir dort bekommen würden. Und er schwärmte davon, bald in der Ostsee baden zu können. Er schien vergessen zu haben, dass der November bereits begonnen hatte. Ab und zu hielt der Bus an und wir durften hinter ein paar Bäumen pinkeln. Nach vielen Stunden Busfahrt kamen wir endlich auf unserer Kur an.

Die Heimleiterin begrüßte uns und wir wurden samt unseren Reisetaschen in einen großen Saal geführt. Sie las uns die Heimregeln vor, an die ich mich jedoch, auch wenn ich mich noch so anstrenge, nicht mehr erinnern kann. Dann gingen wir eine Treppe höher zu unseren Schlafräumen. Es gab zwei große Schlafsäle, einen für die Mädchen und einen für uns Jungen. Nepomuk sauste, kaum dass wir den Saal betreten hatten, los und winkte mir kurz darauf aus der hintersten Ecke zu. Er hatte für uns zwei Betten besetzt, das in

der Ecke für sich und gleich daneben eins für mich.
Neben jedem Bett stand ein kleiner Nachttisch und an den Wänden und mitten im Saal standen große hellbraune Schränke aus dünnem Holz. Jedem von uns wurde ein Fach darin zugeteilt, in das wir unsere Sachen einräumten. An jedem Schrankfach und an jedem Nachttisch war eine Nummer. Ich hatte die Nummer 39 und Nepomuk die 40. Auf den Betten lagen für jeden zwei Handtücher, zwei Waschlappen und eine Bürste mit einem langen Stiel. Auch auf diesen Sachen waren unsere Nummern.
Nachdem wir alles eingeräumt hatten, durften wir wieder runtergehen und in dem großen Saal Abendbrot essen. Es gab Mischbrot und auf jedem Teller lagen ein kleines Stückchen Butter, ein Ringel Leberwurst und zwei Ringel „Stingomingo". Das ist ein Käse, der eigentlich „Harzer Roller" heißt, aber wir nannten ihn eben „Stingomingo". Mir wurde von seinem Geruch ganz schlecht und ich schmuggelte ihn in meine Hosentasche. Zu trinken gab es Tee.
„Das ist Hängeihnentmannungstee", sagte Nepomuk, „den kriegen auch die Soldaten der Volksarmee."
Nach dem Abendbrot räumten wir die Tische ab und einige halfen beim Abwaschen. An der Wand des Saales hing inzwischen ein großer Plan, auf dem zu lesen war, an welchen Tagen jeder von uns seinen Dienst hatte: Tisch decken oder abräumen, Geschirr abtrocknen oder fegen. Nach einer kleinen Pause begann das Abendprogramm. Zuvor musste ich aber unbedingt noch aufs Klo, denn aus meiner Hose kam ein ekliger Gestank, der leider, auch nachdem ich den „Stingomingo" im Klo runtergespült hatte, nicht ganz verschwunden war.
Als Abendprogramm wurde auf eine Wand des Saales ein Filmgerät gerichtet und wir sahen den Film „Timor und sein Trupp". Vor dem Schlafengehen wurden wir in einen riesigen Waschraum geführt, in dem sich ganz viele Waschbecken befanden. Unsere Handtücher hängten wir dann zum Trocknen über die Fußenden unserer Betten.
Am nächsten Morgen wurden wir, so wie alle nachfolgenden Tage unserer Kur, um 7 Uhr geweckt. Als Erstes mussten wir uns von unten nach oben mit der großen Bürste abbürsten. Das sollte gut für die Durchblutung sein und uns abhärten. Anschließend wurde Morgensport gemacht: Armkreisen,

Kniebeugen, Strecksprünge und solches Zeug. Und danach schickte man uns unter die Duschen, immer zwei Jungen unter eine Dusche.
Doch so sehr man auch an dem Wasserhahn mit dem roten Punkt drehte, das Wasser blieb kalt. Vielleicht war der Zufluss für das warme Wasser verstopft. Ich ließ Nepomuk das meiste Wasser nehmen. Er sang beim Duschen ganz laut: „Es lebt der Eisbär in Sibirien, es lebt in Afrika das Gnu. Es lebt der Säufer in Delirien, in meinem Herzen lebst nur duauauuuu …"
Dieses Lied hatte er von meiner Mutter gelernt. Sie sang fast jeden Abend mit uns, manchmal war auch Nepomuk dabei. Nach dem Duschen war mir immer viele Stunden kalt, wahrscheinlich hatte ich die Bürstenmassage nicht gründlich genug durchgeführt.
Dann gab es endlich Frühstück. Mit unseren tiefen Tellern stellten wir uns an der Essenausgabe an und jeder erhielt eine große Kelle Grießsuppe. Wer dann noch Hunger hatte, konnte Weißbrotschnitten mit Margarine und Marmelade essen. Was das für Marmelade war, konnte ich nicht erforschen. Meist sah sie rot aus, mal heller, mal dunkler. Manchmal war sie auch gelb. Geschmeckt hat sie immer gleich, süß und ein bisschen wie Gummi. Getrunken wurde dazu Muckefuck. Wisst ihr, was das ist? Malzkaffee mit Milch.
Nach dem Frühstück stellten wir die Tische und Stühle so zurecht, dass der Saal wie ein riesengroßes Klassenzimmer aussah. Wir erhielten Hefte und Bücher und hatten Deutsch- und Mathe-Unterricht. Als letzte Stunde war Heimatkunde dran. Die Lehrerin erzählte uns, dass sie ein ganz besonders wichtiges Thema mit uns behandeln will: Der verantwortungsbewusste Umgang mit dem Volkseigentum.
Nepomuk holte drei Pfennige aus seiner Hosentasche und spielte mit mir Tisch-Fußball. Wir zeichneten beide am Rand unseres Platzes zwei Striche auf den Tisch. Das waren die Fußballtore. Nepomuk begann und legte die drei Pfennige auf den Tisch. Er ordnete sie so an, dass sie wie die Eckpunkte eines Dreiecks lagen. Dann „schoss" er einen der Pfennige durch die zwei anderen, indem er diesem mit dem Zeigefinger einen kleinen Schubs gab, sodass er auf dem Tisch leise entlang rutschte. Jetzt war ein anderer Pfennig an der Reihe, mit dem das Gleiche geschah. Das ging so lange, bis die drei Pfennige an meinem Rand angekommen waren. Wenn es Nepomuk dabei gelang, den letzten Pfennig, der dran war, durch mein Tor zu schubsen, hat-

te er ein Tor geschossen. Nun war ich an der Reihe und arbeitete mich auf Nepomuks Tor zu. Bei dieser wunderbaren Beschäftigung war der Heimatkundeunterricht schnell vorbei und wir hatten wieder eine wichtige Lektion für das Leben gelernt.

Dann gab es Mittagessen: Kartoffelbrei, Sauerkraut und Grützwurst. Ich glaube, das gab es fast jeden zweiten Tag. Manchmal gab es auch Erbsensuppe mit Bockwurst oder Buchteln mit Vanillesoße und zum Glück ab und zu Makkaroni mit Tomatensoße und Jagdwurst.

Nach dem Mittagessen kam das Anstrengendste des Tages: die Mittagsruhe. Eine Erzieherin stand die ganze Zeit in unserem Schlafsaal und passte wie ein Polizeihund auf, dass wir nicht redeten oder zappelten. Ich glaube, für die Heimerzieher war die Mittagsruhe der wichtigste Punkt im Dickmach-Programm. Als die Aufpass-Erzieherin genug vom Aufpassen hatte, durften wir wieder aufstehen und es gab im Speisesaal leckeren Streuselkuchen und Muckefuck.

Am Nachmittag wanderten wir an den Ostseestrand. Nepomuk hatte zuvor noch nie die Ostsee gesehen und wir spielten, dass wir zwei Seeräuber wären und die Aufpasserin entführen und mit aufs Meer nehmen würden. Auf unserem Schiff müsste sie dann immer für uns kochen und wir würden jeden Tag aufpassen, dass sie zwei Stunden Mittagsruhe hielt.

Wir gingen während der Kur noch mehrere Male an den Strand. Wenn es abends dunkel wurde, sahen wir in der Ferne kleine Lichter. Vielleicht waren diese schon in einem Land, in das man uns nie erlauben würde zu reisen. Vielleicht waren sie an einem Leuchtturm. Und wir spielten, dass wir im Leuchtturm wohnen und den Schiffen den Weg zeigen. Und wenn ein Schiff im Sturm Schiffbruch erleidet, dann stiegen wir in unser Boot und retteten die Ertrinkenden. Ich war immer ein bisschen traurig, wenn wir nach der Wanderung wieder zu unserer Kur zurückgehen mussten.

Als ich beim Abendbrot den Stingomingo wieder in meiner Hosentasche verschwinden lassen wollte, sagte Nepomuk zu mir: „So darf man nicht mit dem Volkseigentum umgehen." Und er schmuggelte den Stingomingo von meinem auf seinen Teller.

Nun muss ich euch noch die Sache mit dem Kurheim-Chor erzählen. Vor dem Abendbrot hatten wir fast jeden Tag Chorprobe. In unserem Land gab es viele Dichter, die Pioniergedichte dichteten. Und wahrscheinlich hatten die Komponisten unseres Landes Angst, dass sie zu wenig für den Aufbau des Sozialismus taten, wenn sie nur Opern und Klavierkonzerte komponierten. Deshalb dachten sie sich Melodien zu den Pioniergedichten aus. So wurden aus Pioniergedichten Pionierlieder.

Aber was nützen die schönsten Pionierlieder, wenn sie nicht gesungen werden? Das hatte sich unsere Heimleiterin anscheinend auch gefragt und deshalb angeordnet, dass diese Lieder, die die Künstler unserer Republik im Schweiße ihres Angesichts geschaffen hatten, nun auch gesungen werden müssen. Wir sangen „Fröhlich sein und singen, stolz das blaue Halstuch tragen", „Mein Bruder ist Soldat" und „Von all unsern Kameraden" und „Die Partei, die Partei hat immer recht" und „Auf der Straße ging heute die kleine Marei" und noch viele andere Lieder. Am besten gefiel mir „Unsre Heimat, das sind nicht nur die Städte und Dörfer".

Am dritten Tag unseres Heimaufenthaltes geschah während der Chorprobe plötzlich etwas Seltsames. Nepomuk fand nicht mehr die richtigen Töne. Er stand neben mir und sang so schief, dass mir die Ohren wehtaten. Zuerst konnte ich nicht glauben, dass er es war, der da so falsch sang, denn er war eigentlich ein guter Sänger bei uns daheim in der Kurrende unserer Gemeinde. Vielleicht vertrug er die Ostseeluft nicht so gut, oder hatte er sich etwa erkältet?

Ich machte mir gerade noch Sorgen um ihn, als die Chorleiterin, die auch die Heimleiterin war, bemerkte, dass einer der Sänger besonders schlimm daneben sang. Nach einer Weile hatte sie den Richtigen entdeckt, nämlich Nepomuk. Sie forderte ihn auf, eine Strophe allein vorzusingen. Nie wieder in meinem ganzen Leben habe ich jemanden gleichzeitig so inbrünstig und so falsch singen hören. Lange bevor die Strophe zu Ende war, musste Nepomuk aufhören zu singen. Die Chorleiterin gab sich nicht einmal die Mühe, das Lied mit Nepomuk ein bisschen extra zu üben, sondern sagte zu ihm: „Du singst jetzt nicht mehr laut mit, sondern bewegst deinen Mund stumm ganz genau so, wie der Text geht. Den Text bringst du ja!"

Nepomuk tat genau das mit größter Sorgfalt und sogar noch viel länger, als das Lied dauerte. Nach drei Liedern war die Leiterin mit ihrer Geduld am Ende. Sie schrie Nepomuk an und verbot ihm, weiterhin zu den Chorproben zu kommen, stattdessen sollte er den Küchenfrauen helfen, das Abendbrot vorzubereiten. Daraufhin stieß Nepomuk seinen Ellbogen so fest in meine Seite, dass ich vor Schmerz fast aufgeschrien hätte - Nepomuk stieß mich immer mit dem Ellenbogen, wenn er etwas ganz großartig fand - dann drehte er sich um und marschierte Richtung Küche. Nun war unser Gesang wieder glockenhell und rein.

Einige Tage später sagte Nepomuk zu mir nach dem Mittagsschlaf:
„Felix, hier muss unbedingt gehandelt werden!"
Ich hatte natürlich überhaupt keine Ahnung, in welcher Angelegenheit gehandelt werden müsste, aber ich wusste ja, dass Nepomuk immer gründlich nachdachte, bevor er handelte, und dass ich ihm ganz und gar vertrauen konnte. Er sauste davon und kehrte nach einigen Minuten mit seinem Zahnputzbecher zurück. Er hielt ihn mir vor die Nase. Er roch nach Putzi-Zahnpasta.
„Das musst du essen, dann kannst du auch mit zu den Küchenfrauen kommen und brauchst nicht mehr von der Marei zu singen." Er steckte seinen Finger in den Zahnputzbecher und nun klebte ganz viel Zahnpasta an dem Finger. Er streckte mir den Finger hin zum Ablecken.
Zuerst schmeckte es gar nicht ganz schlimm, aber die Qualität ließ immer mehr nach und mir schien, dass die Zahnpasta im Becher ständig nachwachsen würde. Aber schließlich hatte ich es doch geschafft. Der Becher war leer, mir war schlecht und Nepomuk war zufrieden. Am nächsten Morgen hatte ich Kopfschmerzen und wollte keine Bürstenmassage machen. Nepomuk holte sogleich mit strahlendem Gesicht die Erzieherin an mein Bett. Diese fühlte meine Stirn an und lief, ein Fieberthermometer zu holen. Ja, ich hatte Fieber, musste den ganzen Tag im Bett liegen und Hängeihnentmannungstee trinken. Nepomuk besuchte mich sehr oft.
Wie er es geschafft hatte, sich aus dem Unterricht fortzustehlen, bleibt mir wohl für immer ein Rätsel. Bald war ich wieder gesund und durfte erneut am Kur-Leben teilnehmen. Aber kurz vor Beginn der Chorprobe packte mich Nepomuk am Arm und rannte mit mir, als ginge es um Leben und Tod, in die Heimküche. Die Küchenfrauen begrüßten mich, als hätten sie genauso auf mich gewartet wie auf Nepomuk. Zuerst bekamen wir beide einen saftigen Apfel und dann durften wir das Abendbrot mit vorbereiten. Nepomuk schnitt die Wurst und ich verteilte die Brotscheiben auf die Teller. Die Küchenfrau-

en waren sehr nett zu uns. Eine von ihnen sang uns sogar Seemannslieder vor. Bald hörte ich Nepomuk mit einstimmen. Und jeder Ton war richtig.
Einmal in der Woche mussten wir einen Brief nach Hause an unsere Eltern schreiben. Ehe ich mir den Briefbogen zurechtgelegt und meinen Füller ausgepackt hatte, war Nepomuk mit seinem Brief schon fertig und hatte ihn sogar schon zugeklebt. Dann beugte er sich zu mir und gab mir gute Ratschläge, was ich alles noch nach Hause berichten könnte. Der letzte Satz lautete: „Und wenn ich wieder nach Hause komme, dann musst du mir unbedingt Hefeklöße mit Heidelbeeren kochen!"
Gegen Ende der Kur träumte ich eines Nachts, dass ich in unserer Schule zu Hause war und es plötzlich mitten in der Stunde ganz laut zur Pause klingelte. Es klingelte so laut und anhaltend, dass ich davon erwachte. Ich sah, dass die meisten Jungen schon aus ihren Betten gekrabbelt waren und aufgeregt im Schlafsaal umherliefen. Dann kam eine Erzieherin und knipste das Licht an. Sie forderte uns auf, uns anzukleiden und uns unten im Flur geordnet in Appell-Formation aufzustellen, und zwar „ein bisschen dalli-dalli". Das sagte sie übrigens ziemlich oft zu uns.
So zogen wir uns an und sausten die Treppe hinunter. Im Aufstellen in Appell-Formation waren wir ja alle ausgiebig durchtrainiert und so standen wir bald brav und müde, um zu lauschen, was nun geschehen sollte.
Die Heimleiterin, die schon von Natur aus recht mürrisch war, erschien mir noch mürrischer und erklärte uns, dass wir einen Feueralarm üben müssten. Nun sollten wir alle schnell wieder hoch in unsere Schlafsäle gehen und dort aus den Fenstern über die Feuerleitern nach unten klettern. Danach sollten wir uns auf dem Platz vor dem Heim wieder in Appell-Formation aufstellen. Die Jungen rasten sofort wie die Wilden los, als ob es Bananen geben würde. Oben im Schlafsaal stand schon eine Erzieherin am Fenster, die jedem etwas half, ohne Sturz auf die Feuerleiter zu klettern. Unten an der Leiter stand auch noch eine Erzieherin zum Aufpassen. Ich war einer von den Letzten, die die Leiter herunterkletterten und sich dem Appell zugesellten. Nach einigen Minuten war ich so durchgefroren, dass meine Zähne klapperten. Die Heimerzieherin lobte uns dann, dass wir so diszipliniert für den Ernstfall geprobt hätten. Dann durften wir wieder in unsere Betten gehen.
Am nächsten Morgen sagte Nepomuk zu mir: „Ich gehöre nicht mit zum

wertvollen Volkseigentum. Keiner hat mich letzte Nacht aus meinem Bett vor dem Feuer gerettet."

Ich hatte in all der Hektik gar nicht bemerkt, dass Nepomuk den Alarm verschlafen hatte. Bis heute ist mir nicht ganz klar, ob er ihn nur einfach verschlafen wollte …

So verging die Zeit auf unserer Kur. Wir gewöhnten uns an die Bürstenmassage und daran, dass wir nie richtig gewaschen waren. Wir freuten uns, wenn es abends mal einen anderen Käse als Stingomongo gab und ganz besonders, wenn ein rotbackiger Apfel auf unseren Tellern strahlte. Wir lernten viele lebenswichtige Dinge im Heimatkundeunterricht, wie wir unser Vaterland vor den Angriffen der Imperialisten schützen, wie wir aus dem Klassenkampf als Sieger hervorgehen und wie wir tatkräftig den Sozialismus aufbauen können. Meistens gewann Nepomuk. Sein größter Sieg gegen mich war 12:3. Aber manchmal habe auch ich ganz knapp gewonnen. Da hatte Nepomuk vielleicht ein bisschen zu sehr auf das gehört, was die Republik von ihm erwartet. Wir träumten am Strand von langen Seereisen und sahen am Abend Filme von tapferen Kommunisten.

Nach vier Wochen war die Kur zu Ende. Am vorletzten Tag wurden wir alle noch einmal gewogen. Nepomuk wog genauso viel wie an dem Tag der Schuluntersuchung vor der Kur. Und ich hatte über 2 kg abgenommen.

Am Abfahrtsmorgen machten wir zum letzten Mal unsere Bürstenmassage. Als wir sie beendet hatten, legte Nepomuk seine Bürste bedächtig auf sein Bett und sagte: „Ich würde gern mal wissen, wer morgen meine Bürste nimmt. Hoffentlich ist es kein Mädchen!"

WAS AUS NEPOMUK UND MIR GEWORDEN IST

In einigen Jahren seid ihr keine Kinder mehr, leider. Es fängt damit an, dass ihr ganz plötzlich zu den sogenannten Teenagern gehört. Und ehe ihr euch verseht, seid ihr erwachsene Menschen. Genauso ist es auch uns ergangen - Nepomuk und mir.

Und wenn man erwachsen ist, möchte man einen Beruf erlernen und arbeiten gehen. Nun wollt ihr ganz sicher wissen, was aus Nepomuk geworden ist. Vielleicht denkt ihr jetzt, dass er jetzt als Komiker oder Zirkus-Clown auftritt oder Polizist geworden ist, damit er sich darum kümmern an, dass alles immer ganz gerecht zugeht und jeder sein Kompott bekommt. –Nein, all das ist Nepomuk nicht geworden.

Aber all seine bisherigen Lebensjahre ist er seiner Devise treu geblieben. Ihr wisst sie ja noch: „Hier muss unbedingt gehandelt werden!" Und weil er das nicht nur so dahin gesagt, sondern auch wirklich gehandelt hat, wurde er als erwachsener Mann schon bald zum Bürgermeister seines Wohnortes gewählt. Inzwischen ist er sogar Bürgermeister einer großen Stadt. Er hat sehr viel Arbeit, es allen Bürgern dieser Stadt recht zu machen. Soviel er auch handelt, manche Leute haben immer etwas zu meckern. Aber ich bin mir sicher, dass die Kinder, die in seiner Stadt wohnen, sehr zufrieden mit ihm sind. Er hat nicht vergessen, wie gern er bei uns zu Hause mit gegessen und mir bei meinem Schulbrote-Berg-Verzehr geholfen hat. Und deshalb hat er sich darum gekümmert, dass alle Kinder jeden Morgen in der Schule ein gesundes Frühstück und in der großen Mittagspause ein warmes Essen bekommen. Und stellt euch vor, in jedem Stadtteil hat er einen Park für die Kinder anlegen lassen mit Bäumen und Büschen, einer großen Wiese und einem riesigen Sandkasten! In diesen Parks können die Kinder „Räuber und Gendarm" spielen, auf den Wiesen Purzelbäume schlagen und im Sand riesige Murmelbahnen bauen. Wenn ihr Glück habt, spielt ihr vielleicht gerade in solch einem Spielpark, wenn Nepomuk in seinem Auto, einem kleinen Lieferwagen, angefahren kommt und eine große Holzkiste auslädt: Eine Kiste voll saftiger Äpfel!

Und was ist aus mir geworden? Obwohl ich als Junge nicht besonders gern zur Schule gegangen bin und sie ohne meinen Freund Nepomuk schrecklich langweilig gefunden hätte, bin ich nun selbst Lehrer geworden. Außerdem habe ich inzwischen selbst drei Söhne. Und wenn ich sie anschaue, denke ich manchmal an meine Kindheit zurück. Ich meine, in ihnen mein eigenes Kindergesicht zu erblicken und ein bisschen auch das von meinem besten Freund Nepomuk.

Anhang

WAS IHR VIELLEICHT NOCH ÜBER DIE PIONIERORGANISATION ERFAHREN MÖCHTET

Als im Jahr 1945 endlich der Zweite Weltkrieg zu Ende und Adolf Hitler besiegt war, gab es einige Jahre lang in Deutschland ganz viel Durcheinander. Viele Städte waren zerbombt. Die Menschen hausten in ärmlichen Unterkünften, hatten sehr wenig zu essen und im Winter erfroren sogar Menschen, weil es kaum Heizmaterial gab. Die Sieger des Zweiten Weltkrieges waren, wie ihr ja sicher alle schon wisst, die Sowjetunion, die USA, England und Frankreich. In allen Teilen Deutschlands konnte man noch viele Jahre lang ihre Soldaten antreffen. Deutschland war von ihnen besiegt und besetzt worden. Und weil sich die Regierung der Sowjetunion nicht gerade gut mit den Regierungen der anderen Siegermächte verstand, kamen die Sieger auf die Idee, Deutschland zu teilen. Den größeren Teil bekamen die sogenannten Westmächte, also die USA, England und Frankreich, den kleineren Teil erhielt die Sowjetunion. Und nach ein paar Jahren beschlossen die beiden Teile, dass jeder Teil ein eigener Staat werden soll, besser gesagt, die Siegermächte beschlossen das. Aber ich glaube, dass das alles viel komplizierter war. Und ich überlasse es euren Geschichtslehrern zu versuchen, euch all diese Ereignisse und Zusammenhänge richtig zu erklären.

Da ich euch aus meiner Kindheit in der DDR berichtet habe, so beschränke ich mich darauf, euch vor meinen Ausführungen über die Pionierorganisation nur noch mitzuteilen, dass am 7. Oktober 1949 auf dem Gebiet der sowjetischen Besatzungszone ein sozialistischer Staat gegründet wurde. Man nannte ihn die Deutsche Demokratische Republik, kurz DDR. Die Sowjetunion übernahm so eine Art Schirmherrschaft über sie und fühlte sich wie ihr großer Bruder. Deshalb wollte sie auch zu gern das gesamte Leben der Menschen genauso gestalten, wie es schon in der Sowjetunion ablief. Es gab auch genug Freiwillige in der DDR, die dem großen Bruder mächtig

nacheiferten und bei der sozialistischen Gestaltung nach sowjetischem Vorbild fleißig mithalfen.
Schon vor der Staatsgründung hatte man in vielen Bereichen begonnen, das sozialistische Leben zu organisieren.
So wurde bereits am 13. Dezember des Jahres 1948 die Pionierorganisation der Deutschen Demokratischen Republik - natürlich nach sowjetischem Vorbild - gegründet. Der 13. Dezember galt von da an als Pioniergeburtstag und wurde jedes Jahr von allen Pionieren gefeiert. Seit dem ersten großen Pioniertreffen im Jahr 1952 trugen dann die Pioniere noch den besonderen Namen „Ernst Thälmann". Ich hatte euch ja schon berichtet, dass Ernst Thälmann ein kommunistischer Arbeiterführer war, den die Nazis viele Jahre eingesperrt und dann ermordet hatten. Er konnte also gar nichts dafür, dass man die Pioniere nach ihm benannte.
Zu den Pionieren sollten möglichst alle Kinder kommen, die die erste bis siebente Klasse besuchten. In den ersten Jahren der DDR waren die Eltern noch etwas zögerlich, ihre Kinder zu den Pionieren zu schicken. Sie erinnerten sich vielleicht noch ein bisschen an die Nazi-Zeit, in der alle Kinder zur Hitlerjugend gehen sollten. So gehörten in den ersten Jahren der DDR etwa 60 bis 70 % aller Kinder zu den Pionieren. Aber mit den Jahren gewannen die Eltern wahrscheinlich mehr und mehr den Eindruck, dass es für ihre Kinder nur vorteilhaft sein konnte, wenn sie auch Pioniere wurden. So gehörten zum Ende der DDR-Zeit 98 % der Kinder zu den Pionieren, das waren etwa 2 Millionen Kinder.
Von der ersten bis zur dritten Klasse nannte man die Pioniere Jungpioniere.
Die Aufnahme in die Pionierorganisation erfolgte jedes Jahr zum Pioniergeburtstag am 13. Dezember. Jeder Schüler, der Pionier wurde, legte dann das folgende Versprechen ab: „Ich verspreche, ein guter Pionier zu sein. Ich will nach den Geboten der Jungpioniere handeln."
Nach dem Ablegen dieses Versprechens bekam der Jungpionier ein blaues Pionierhalstuch und seinen Pionierausweis. In diesem Ausweis standen auch die Pioniergebote:
1. Wir Jungpioniere lieben unsere Deutsche Demokratische Republik.

2. Wir Jungpioniere lieben unsere Eltern.
3. Wir Jungpioniere lieben den Frieden.
4. Wir Jungpioniere halten Freundschaft mit den Kindern der Sowjetunion und aller Länder.
5. Wir Jungpioniere lernen fleißig, sind ordentlich und diszipliniert.
6. Wir Jungpioniere achten alle arbeitenden Menschen und helfen überall tüchtig mit.
7. Wir Jungpioniere sind gute Freunde und helfen einander.
8. Wir Jungpioniere singen und tanzen, spielen und basteln gern.
9. Wir Jungpioniere treiben Sport und halten unsere Körper sauber und gesund.
10. Wir Jungpioniere tragen mit Stolz unser blaues Halstuch. Wir bereiten uns darauf vor, gute Thälmann-Pioniere zu werden.

Wenn ein Pionier etwas besonders Vorbildliches für die DDR getan hatte, dann wurde ihm in seinen Pionierausweis ein Lob eingetragen. Jede Schulklasse wählte einen Jungpionierrat, zu dem fünf bis sieben Kinder gehörten, die sich regelmäßig trafen und wichtige Dinge für die Schulklasse oder die Pioniere besprachen.

Wer mindestens ein Jahr lang bei den Pionieren gewesen war (und das waren fast alle), durfte dann ab der vierten Klasse zum Pioniergeburtstag ein Mitglied der Thälmannpioniere werden. Dabei musste er wieder ein Versprechen ablegen. Und weil die Pioniere nun schon älter und klüger geworden waren, musste das Versprechen natürlich etwas länger und komplizierter sein. Es lautete so: „Ernst Thälmann ist mein Vorbild. Ich gelobe, zu lernen, zu arbeiten und zu kämpfen, wie es Ernst Thälmann lehrt. Ich will nach den Gesetzen der Thälmannpioniere handeln. Getreu unserem Gruß bin ich für Frieden und Sozialismus immer bereit."

Und nach diesem Versprechen erhielt jeder Thälmannpionier ein rotes Halstuch und einen neuen Pionierausweis.

Die Gebote oder Gesetze der Thälmannpioniere waren sehr lang. Da hatte ich es als Sohn des Pfarrers beim Erlernen der Zehn Gebote aus der Bibel wesentlich einfacher.

Aber nun will ich euch diese Pioniergebote nicht vorenthalten:

1. Wir Thälmannpioniere lieben unser sozialistisches Vaterland, die Deutsche Demokratische Republik. In Wort und Tat ergreifen wir immer und überall Partei für unseren Arbeiter- und Bauern-Staat, der ein fester Bestandteil der sozialistischen Staatengemeinschaft ist.
2. Wir Thälmannpioniere tragen mit Stolz unser rotes Halstuch und halten es in Ehren. Unser rotes Halstuch ist Teil der Fahne der Arbeiterklasse. Für uns Thälmannpioniere ist es eine große Ehre, das rote Halstuch als äußeres Zeichen unserer eigenen Verbundenheit zur Sache der Arbeiterklasse und ihrer Partei, der Sozialistischen Einheitspartei Deutschlands, zu tragen.
3. Wir Thälmannpioniere lieben und achten unsere Eltern. Wir wissen, dass wir unseren Eltern viel verdanken. Wir befolgen ihren Rat und helfen ihnen immer. Wir wollen bewusste Gestalter der sozialistischen Gesellschaft werden.
4. Wir Thälmannpioniere schützen den Frieden und hassen die Kriegstreiber. Durch fleißiges Lernen und durch gute Taten stärken wir den Sozialismus und helfen den Friedenskräften der ganzen Welt. Wir treten immer und überall gegen die Hetze und Lüge der Imperialisten auf.
5. Wir Thälmannpioniere sind Freunde der Sowjetunion und aller sozialistischen Brudervölker und halten Freundschaft mit allen Kindern der Welt. Die Freundschaft zur Sowjetunion ist unsere Herzenssache. Die Leninpioniere sind unsere besten Freunde. Wir arbeiten gern mit den Pionieren der sozialistischen Länder und aller fortschrittlichen Kinderorganisationen in der Welt zusammen. Wir üben aktive Solidarität mit allen um ihre Freiheit und nationale Unabhängigkeit kämpfenden Völkern.
6. Wir Thälmannpioniere lernen fleißig, sind ordentlich und diszipliniert. Wir eignen uns gründliche Kenntnisse und Fertigkeiten an und treten überall für Ordnung, Disziplin und Sauberkeit ein. Wir sorgen dafür, dass jeder ehrlich lernt, sein Wissen anwendet und bei ihm Wort und Tat übereinstimmen. So bereiten wir uns auf das Leben

und Arbeiten in der sozialistischen Gesellschaft vor.

7. Wir Thälmannpioniere lieben die Arbeit, achten jede Arbeit und alle arbeitenden Menschen. Wir lernen von den Arbeitern, Genossenschaftsbauern und den anderen Werktätigen und packen schon heute bei der Arbeit mit zu, wo immer es auf unsere Hilfe ankommt. Wir schützen das Volkseigentum.

8. Wir Thälmannpioniere lieben die Wahrheit, sind zuverlässig und einander Freund. Wir streben immer danach, die Wahrheit zu erkennen und treten für den Sozialismus ein. Wir erfüllen die von uns übernommenen Aufgaben und stehen zu unserem Pionierwort. Wir sorgen dafür, dass unsere Gruppe eine feste Gemeinschaft wird, und helfen kameradschaftlich jedem anderen Schüler.

9. Wir Thälmannpioniere machen uns mit der Technik vertraut, erforschen die Naturgesetze und lernen die Schätze der Kultur kennen. Wir interessieren uns für das Neue in Wissenschaft und Technik. Wir nehmen am naturwissenschaftlich-technischen Schaffen teil, betätigen uns künstlerisch, fördern die Talente und beweisen unser Können.

10. Wir Thälmannpioniere halten unseren Körper sauber und gesund, treiben regelmäßig Sport und sind fröhlich. Wir stählen unseren Körper bei Sport, Spiel und Touristik. Wir interessieren uns für die Schönheiten der Heimat und wandern gern. Wir rauchen nicht und trinken keinen Alkohol.

11. Wir Thälmannpioniere bereiten uns darauf vor, gute Mitglieder der Freien Deutschen Jugend zu werden. Wir interessieren uns für die Geschichte des sozialistischen Jugendverbandes und die Taten der FDJ-Mitglieder. Ihre hervorragenden Leistungen sind uns Vorbild und Ansporn. Wir verwirklichen mit ihnen gemeinsam Vorhaben.

Könnt ihr euch vorstellen, dass ein Pionier diese Gebote auswendig konnte? Nein? - Ich auch nicht.

Die Thälmannpioniere wählten in ihren Klassen jeweils einen sogenannten Gruppenrat. Er bestand aus einem Vorsitzenden, einem stellvertretenden Vorsitzenden, einem Schriftführer, einem Kassierer, einem Agitator (der regelmäßig politische Vorträge halten musste) und einem Freundschaftsratsmitglied. Denn in jeder Schule gab es auch noch einen Freundschaftsrat. Dieser setzte sich aus all den Freundschaftsratsmitgliedern der jeweiligen Gruppenräte der verschiedenen Klassen zusammen.

Je mehr Klassen in einer Schule waren, desto mehr Mitglieder waren also in diesem Freundschaftsrat. Dieses Gremium bildete also die Leitungsgruppe aller Pioniere und hatte wiederum einen Vorsitzenden. Wer also der Vorsitzende des Freundschaftsrates war, galt als der mächtigste Pionier der ganzen Schule. Ebenfalls zum Freundschaftsrat gehörte der Pionierleiter oder die Pionierleiterin. Das war eine erwachsene Person, die für das politische Leben in der Schule die Verantwortung trug. Manchmal musste diese Person auch unterrichten, wenn zum Beispiel ein Lehrer erkrankt war.

Alle Schüler, die Mitglieder in einem Pionier- oder Gruppen- oder Freundschaftsrat waren, hatten an regelmäßigen Sitzungen teilzunehmen. Am ärgsten traf es natürlich diejenigen, die nicht nur Mitglieder im Gruppenrat, sondern auch im Freundschaftsrat waren. Die mussten nämlich immer zu zwei Sitzungen.

In all diesen Räten wurde beschlossen, was in der Schule verändert werden oder was veranstaltet werden müsste, damit die Pioniere noch vorbildlicher würden.

Glaubt ihr, dass die Pioniere scharf auf solche Posten waren? - Ich jedenfalls kann mich erinnern, dass unsere Lehrerin stets große Mühe hatte, die Pioniere von der Wichtigkeit dieser politischen Funktionen zu überzeugen.

Jeden Morgen, bevor der Unterricht begann, musste der Pioniervorsitzende dem Lehrer Meldung machen. Er sagte dann zum Beispiel: „Die Pioniere der Klasse 4 sind vollständig zum Unterricht angetreten."

Dann sagte der Klassenlehrer: „Für Frieden und Sozialismus seid bereit!"

Und die Pioniere antworteten: „Immer bereit!"

An jedem Montagmorgen fand der Fahnenappell statt. Dazu hatten alle Klassen in geschlossenen Formationen anzutreten. Jeder Einzelne hatte gerade und ordentlich dazustehen. Meist wurde die DDR- oder eine Pionierfahne gehisst und ein Lied gesungen. Nachdem die Gruppenratsvorsitzenden aller Klassen dem Schuldirektor Meldung gemacht hatten, wurden organisatorische Dinge bekannt gegeben. Manchmal wurden Pioniere getadelt, die nicht zur vollen Zufriedenheit der Lehrer nach den Pioniergeboten gehandelt hatten. Manchmal gab es aber auch Medaillen für besonders gute Leistungen zu Ehren der Republik.

Bei den Pionieren war wirklich alles bis ins kleinste Detail durchorganisiert. Es gab zum Beispiel für all die verschiedenen Organisationen und Räte spezielle Wimpel, mit denen sich die Pioniere fotografieren lassen konnten oder die sie mit auf Wanderungen nahmen. Auch äußerlich waren Pioniere sofort zu erkennen, nicht nur an ihrem Halstuch. Zu ihrer Erscheinung gehörte außerdem ein weißes Hemd für die Jungen oder eine weiße Bluse für die Mädchen, blaue Hosen oder ein blauer Rock. Und die ganz feinen Pioniere trugen noch ein blaues Käppi. Außerdem gab es auch noch einen Gürtel mit der Aufschrift „Seid bereit".

Auf dem linken Ärmel des weißen Hemdes war das Pionier-Emblem aufgenäht. Es bestand aus den Buchstaben „JP", drei lodernden Flammen und der Inschrift „Seid bereit!"

Für die Pioniere erschienen auch Zeitschriften, für die Jungpioniere die „ABC-Zeitung", für die Thälmannpioniere die „Trommel". Weitere Zeitschriften hießen „Frösi" (= Fröhlich sein und singen), „Atze", „Mosaik" und „technikus".

Wie erging es den wenigen Kindern, deren Eltern ihnen nicht erlaubten, Mitglieder der Pionierorganisation zu werden? Die Antwort ist leicht: Diese Kinder wurden alle immer wieder vor ihren Mitschülern beschämt, sie wurden ausgegrenzt und es wurde ihnen klar und deutlich zu verstehen gegeben, dass sie bei ihrer minderwertigen sozialistischen Einstellung keine Chance hätten, später einen ordentlichen Beruf zu erlernen oder gar zu studieren. Besonders schlimm war es für Kinder, deren Eltern gar nicht erst versuchten, sich gegenüber den Lehrern schützend vor ihre Kinder zu stellen.

Ab der achten Klasse wurden aus den Pionieren FDJler. Sie gehörten nun zur Organisation der „Freien Deutschen Jugend". Sie stellte die so genannte „Kampfreserve" der kommunistischen Partei der DDR dar, der Sozialistischen Einheitspartei Deutschlands. Die FDJler trugen blaue Hemden mit einem gelben Emblem, auf dem „FDJ" stand. Sie wurden unter anderem auch bei vormilitärischen Ausbildungen auf ihren Dienst in der Nationalen Volksarmee vorbereitet.
Wer kein Mitglied der FDJ war, hatte keine Chance, später studieren oder eine gute berufliche Karriere machen zu dürfen.

Nach der Wiedervereinigung Deutschlands im Jahr 1990 wurden die Pionierorganisation und die FDJ aufgelöst.

In Leipzig in Sachsen gibt es ein Pioniermuseum. Dort könnt ihr euch noch viel anschaulicher über das Leben in der DDR informieren, ganz besonders natürlich über die Pionierorganisation. Vielleicht könnt ihr eure Eltern davon überzeugen, mit euch einmal dorthin zu fahren.

WAS IHR VIELLEICHT NOCH ÜBER DIE LPG ERFAHREN MÖCHTET

Wie ihr ja schon wisst, fand 1945 der II. Weltkrieg endlich ein Ende. Deutschland hatte den Krieg verloren und die Siegermächte hatten das Land in vier Besatzungszonen aufgeteilt. Der Teil, der später als DDR in die Geschichte einging, hieß zunächst „Sowjetische Besatzungszone". Und in ihr wurde das gesamte öffentliche Leben von den Russen organisiert und bestimmt. Die Wünsche der deutschen Bevölkerung spielten bei diesen Umstrukturierungen keine Rolle. Wer es wagte, gegen diese in irgendeiner Form zu protestieren, musste damit rechnen, in einem Lager oder Gefängnis zu verschwinden. Ihr wisst ja, dass die Nazis über das ganze Deutsche Reich verteilt und ebenso in den von ihnen eroberten Gebieten furchtbare Konzentrations- und Vernichtungslager errichtet hatten, in denen sie Millionen von Menschen gequält und umgebracht hatten. Nachdem die Siegermächte die letzten Über-

lebenden dieser Konzentrationslager (KZ) befreit hatten, wurden einige der Lager, die sich in der sowjetischen Besatzungszone befanden, von den Russen übernommen und sofort wieder als Gefängnisse genutzt.
Dorthinein wurden von ihnen willkürlich alle gesperrt, von denen sie meinten, dass sie dorthin gehörten. Nur ein geringer Teil von ihnen gehörte früher zu den überzeugten Nazis, bei denen man wenigstens eine gewisse Berechtigung für diese Strafmaßnahme hätte erkennen können. Die Gefangenen starben in diesen Lagern zu Tausenden an Unterernährung, ansteckenden Krankheiten und wurden zum Teil auch gezielt getötet. In seltenen Fällen wurden sie wieder entlassen, oft in andere Gefängnisse überführt oder gar bis nach Russland in ein sibirisches Straflager deportiert, von wo aus die wenigsten Menschen jemals wieder nach Hause zurückkehrten.
Gleich nach Kriegsende führten die Russen auch eine große Bodenreform durch, ganz im Sinne und nach dem Vorbild der kommunistischen Revolution. Alle Bauern, die mehr als 100 Hektar Land besaßen, die sogenannten Großgrundbesitzer, wurden enteignet. Und als ob das nicht schon schlimm genug für sie gewesen wäre, steckte man viele von ihnen, auch wenn sie vorher nichts mit den Nazis zu tun gehabt hatten, in ein Konzentrationslager. Und nicht nur die Großgrundbesitzer wurden enteignet. So mancher Bauer musste Tiere oder andere Eigentümer den Russen überlassen, wenn diese es forderten. Wer sich dagegen auflehnte, hatte kaum eine Chance. Die Folgen der Auflehnung waren meist sehr tragisch.
So erging es auch einem Großonkel meiner Mutter. Er war Pfarrer in einer Dorfgemeinde. Weil die Russen seinen Bauern immer wieder willkürlich irgendetwas wegnahmen, waren sie darüber sehr traurig. Aus diesem Grund begab sich der Pfarrer in das Rathaus des Dorfes, in dem sich der russische Dorf-Kommissar eingerichtet hatte. Der Großonkel brachte den Kummer seiner Bauern zur Sprache und bat um mehr Rücksichtnahme in diesen schweren Zeiten des Hungers und der Not nach dem Ende des II. Weltkrieges. Leider kam dieser Pfarrer nie wieder nach Hause zu seiner Familie und zu den Bauern seines Dorfes. Seine Frau und seine Söhne haben auch nie erfahren, wohin ihn die Russen verschleppt haben und was aus ihm geworden ist.
Weil sich im kommunistischen Russland der gesamte Grund und Boden im

Besitz der Arbeiter und Bauern befand, wollten die russischen Besatzer in der sowjetischen Besatzungszone die gleichen Zustände schaffen. Die kommunistische Partei SED, die in der DDR gegründet worden war, beschloss auf ihrem 2. Parteitag 1952, landwirtschaftliche Genossenschaften nach dem Vorbild der sowjetischen Kolchosen zu bilden. Diese sollten sich LPG nennen, Landwirtschaftliche Produktionsgenossenschaft.

So begann in der DDR die sozialistische Umgestaltung der Landwirtschaft. Die Partei rief in den Dörfern die Bauern zu Schulungen zusammen, um ihnen zu erklären, wie leicht die Arbeit für die Bauern wird, wenn sie alles gemeinsam tun. In den Dörfern wurden Plakate aufgehängt, auf denen stand zum Beispiel: „Dem Sozialismus gehört die Zukunft! Werktätige Einzelbauern, werdet Mitglieder der LPG!" Von der SED gesandte Werber zogen von Bauernhof zu Bauernhof und redeten auf die Bauern ein, wo sie sie nur finden konnten. Sie verfolgten sie in die Scheunen, in die Ställe und auf die Felder.

Und ich kann mir vorstellen, dass des Nachts die Bauern schon von ihnen träumten und aus dem Schlaf aufschreckten, weil sie dachten, dass die Werber neben ihren Betten stünden. Pionier- und FDJ-Gruppen zogen vor die Bauernhöfe und schrien ihre auswendig gelernten sozialistischen Parolen. Oft waren die Adressaten ihre eigenen Eltern oder Großeltern.

Sogar mit Autos, auf deren Dächern Lautsprecher angebracht waren, fuhr man durch die Dorfstraßen. Als vorbildliche Bauern wurden die Namen derer durch die Straßen geplärrt, die sich bereits einverstanden erklärt hatten, der LPG beizutreten. Und als halsstarrige Feinde der sozialistischen Idee wurden die bekannt gegeben, die sich noch mit der letzten Kraft der gemeinschaftlichen Landwirtschaft verweigerten. Doch es gab kein Aufhalten. Bald waren fast alle Bauern von dieser Indoktrination zermürbt worden und beugten sich der „freiwilligen" Vereinigung.

Es gab jedoch auch viele Bauern, die nicht in die LPG eintreten wollten, die Propaganda und den Druck der SED aber nicht mehr ertragen konnten. So flohen sie, bevor 1961 die Berliner Mauer gebaut und die Grenze nach Westdeutschland dichtgemacht wurde, nach dem Westen. Das war eine sehr schwere Entscheidung für sie, denn sie ließen ihren Hof, ihr Land, ihre geliebten Tiere und ihre Verwandten zurück und reisten in eine ungewisse Zukunft. Ihr Land wurde dann offiziell enteignet und ging in den Besitz der LPG über.

Aber wenn ihr denkt, dass die Bauern einfach so billig in die LPG eintreten durften, dann irrt ihr euch wieder einmal mehr. Nein, sie mussten ganz schön viel Geld locker machen, um Mitglied einer LPG werden zu dürfen. Denn eine LPG zu gründen, das war eine teure Angelegenheit. Und die musste sich jedes der Mitglieder schon ein bisschen was kosten lassen.

Man teilte die LPG-Formen in drei Typen ein. Typ I bedeutete, dass alle Mitglieder der LPG den Boden gemeinsam besaßen und gemeinsam bearbeiteten. Wenn ein Bauer auf einem Stück Land eine Obstplantage besaß, so konnte es passieren, dass alle Obstbäume umgelegt wurden, weil ja der Boden von allen gemeinsam genutzt werden sollte. Und wenn die LPG-Brigade beschlossen hatte, dass Weizen auf dem Boden angebaut werden sollte, dann mussten die Bäume eben dran glauben.

Später ging man dann über zum nächsten und noch „besseren" LPG-Typ, der hieß logischerweise Typ II. Bei diesem Typ gehörte nicht nur der Boden allen gemeinsam, sondern auch alle landwirtschaftlichen Maschinen, die Traktoren, Mähdrescher, Pflüge usw. Dafür wurden sogenannte Maschinen-Ausleihstationen eingerichtet, die man kurz MAS nannte. Später wurden sie dann umbenannt in Maschinen-Traktor-Stationen, kurz MTS.

Die höchste Stufe der LPG war der Typ III. Nun hieß es für die Bauern, auch noch ihre Tiere in einen großen Gemeinschaftsstall zu bringen. Also alle Pferde und Kühe und Schweine mussten ihre vertrauten Ställe und vor allem ihre vertrauten lieben Bauern verlassen. So manche Bäuerin und so mancher Bauer weinten bitterlich, als sie ihre Tiere in die LPG entlassen mussten. Es war ja nun nicht so, dass sie ihre Tiere nie mehr wieder sahen, aber der vertraute tägliche Umgang im Familienbetrieb hatte ein Ende gefunden. Und darunter litten nicht nur die Bauern, sondern auch die Tiere. Es wurden unter anderem auch große sogenannte Rinder-Offenställe gebaut. Wie ihr schon an dem Namen hört, waren das keine gemütlichen, kuscheligen Ställe, in denen die Kühe sich aufwärmen konnten. Nein, diesen Ställen fehlten einige Wände. Durch diese Ställe pfiff der Wind und sie waren deshalb alles andere als gemütlich, vor allem im Winter. Zum Glück durften sich die Bauern zu Hause noch paar kleine Tiere für den Privatgebrauch halten, zum Beispiel

Kaninchen und Hühner. Diese waren dann ihr ganzer Stolz.

Die LPG hatten regelmäßige Ernte- und Schlachtviehabgaben zu leisten, nach denen sich auch ihr Gehalt richtete.

Mit den Jahren wurden dann noch LPG-Spezialisierungen eingerichtet. Eine LPG musste zum Beispiel nur Getreide produzieren, eine andere Rüben und Mais, wieder eine andere hatte sich nur um die Tierhaltung zu kümmern. Das gefiel vielen Bauern überhaupt nicht, denn dadurch wurde ihre Arbeit sehr eintönig.

Die Arbeit in der LPG hatte aber auch für alle die, die brav mitmachten, ihre guten Seiten. Sie brauchten nur 8 Stunden am Tag zu arbeiten, was in einem privaten Bauernhof nie möglich gewesen wäre. Jede LPG hatte einen Vorsitzenden, der per SED-Auftrag eingesetzt worden war. Die einzelnen Bauern trugen auch nicht mehr so viel Verantwortung. Und wenn etwas mit der Ernte schief ging, dann stand trotzdem in der Zeitung, dass die LPG den Plan mit 150 % erfüllt hat.

Mittags bekamen die Bauern im LPG-Speisesaal ein Mittagessen. Außerdem gab es Prämien und schöne Urlaubsplätze für besonders fleißige und sozialistische Bauern. Viele Bauern gewöhnten sich an das Leben und die Arbeit in der LPG. Sie wollten einfach nur ihre Ruhe und hatten keine Lust und keine Kraft, sich gegen die Partei aufzulehnen.

Wenn jemand aus der LPG austreten wollte, um in einem anderen Beruf zu arbeiten, wurde ihm das nur erlaubt, wenn die anderen Mitglieder der LPG damit einverstanden waren.

Bis zum Jahr 1960 war die Kollektivierung der Landwirtschaft im Großen und Ganzen abgeschlossen. Es gab nur sehr wenige Bauern, die sich ihr bis zum Ende der DDR-Zeit widersetzten. Diesen wenigen aber wurde das Bauernleben regelrecht zur Hölle gemacht. Dass sie es überhaupt durchhielten, verdankten sie nur einem ihnen innewohnenden eisernen Willen und einer großen Verwandtschaft, die sich mit ihnen im Kampf gegen die Zwangsverstaatlichung des Privateigentums vereinigte.

Genauso war es bei dem Onkel meines Vaters. Onkel Gottfried war Bauer mit Leib und Seele und liebte seine Tiere mehr als sein eigenes Leben. Außerdem widerte ihn nichts so an wie die Idee des Kommunismus. Doch mitunter hatte man den Eindruck, dass sich die Mitglieder der LPG nicht in erster Linie dafür einsetzten, ihre Ernte einzubringen oder ihre Tiere gut zu versorgen, sondern um Onkel Gottfried das Leben schwer zu machen.

Als letzten Bauern des Dorfes wurden ihm das Saatgut oder die Kartoffeln, die er in die Erde bringen musste, ausgeliefert. Wenn er für die Feldarbeit Maschinen brauchte, stellte man sie ihm nicht zur Verfügung. Und er wurde von der Stasi überwacht, als wäre er die gefährlichste Person der gesamten DDR.

Doch Onkel Gottfried ließ sich nicht unterkriegen. In den Schulferien waren mein Vater und alle seine Cousins auf Onkel Gottfrieds Bauernhof und halfen nach Leibeskräften. Die Parole war klar: Wir lassen uns doch von den Kommunisten nicht unterkriegen. Auch wenn die uns im Frühling zuallerletzt und dazu auch noch die allerkleinsten Kartoffeln geben, so ernten wir doch zuerst und dafür die größten Kartoffeln.

Wenn ihr euch noch mit alten Bauern unterhalten und mehr aus der Zeit der LPG erfahren wollt, dann solltet ihr das nicht so lange vor euch herschieben, damit ihr sie noch lebend antrefft. Aber vielleicht habt ihr Verwandte, die in einem Dorf leben und euch bestimmt gern mit jemandem bekannt machen, der diese Zeiten mitmachen musste.

WAS IHR VIELLEICHT NOCH ÜBER DIE STASI ERFAHREN MÖCHTET

Das heutige Russland hieß nicht immer Russland. Es gab eine Zeit, in der hieß dieses riesige Reich Sowjetunion, nämlich während der Zeit der kommunistischen Herrschaft in diesem Land. Schon im Jahr 1917 gab es dort große Revolutionen. Zuerst wurde der russische Zar, das war der russische Kaiser, mit seinem ganzen Hofstaat gestürzt und kurze Zeit später die nach ihm angetretene bürgerliche Regierung. Von nun an herrschten in der Sowjetunion die Kommunisten. Es würde den Rahmen dieses kleinen Buches sprengen, ausführlich über das Leben in der Sowjetunion unter der Herrschaft der Kommunisten zu berichten. Aber es sei nur so viel gesagt, dass diese Zeit für die russische Bevölkerung keine Leichte war. Denn die Kommunisten herrschten mit eiserner Hand. Und sie waren nicht zögerlich, in ihren so genannten „Säuberungsaktionen" Millionen von Menschen in Lager nach Sibirien oder auf einsame Inseln zu verschleppen, zu quälen, ihre Arbeitskraft auszubeuten und sie dem Hunger und der Kälte zum Opfer fallen zu lassen. Nicht wenige wurden auch gleich erschossen oder auf andere Weise umgebracht.

Während der gesamten kommunistischen Zeit in der Sowjetunion gab es eine riesige Institution, die die Bevölkerung überwachte, ausspionierte und nach willkürlichen Entscheidungen, die für die Menschen nicht zu durchschauen waren, verhaftete und in Gefängnissen und Lagern verschwinden ließ. Und diese Institution war der russische Geheimdienst.

Als die Sowjetunion nach dem Ende des Zweiten Weltkrieges den Ostteil Deutschlands besetzte, der sich dann Sowjetische Besatzungszone nannte, begannen ihre politischen Funktionäre des Geheimdienstes die bewährten Überwachungs- und Verfolgungsmethoden auch an der deutschen Bevölkerung anzuwenden. Menschen wurden oft ohne Vorwarnung, auch mitten auf der Straße, verhaftet, verhört, in Gefängnissen und Lagern gefangen gehalten, wo sie zu Tausenden verhungerten oder durch Seuchen dahingerafft wurden. Und viele deportierte man nach Russland, von wo aus die wenigsten wieder zurückkehrten.

Nach der Gründung der Deutschen Demokratischen Republik am 7. Oktober 1949 beschloss, auch auf den Vorschlag des russischen Geheimdienstes hin, die Sozialistische Einheitspartei Deutschlands, also die kommunistische Partei der DDR, einen eigenen Geheimdienst zu gründen. Und das geschah dann auch wirklich im Jahr 1950. Die SED bezeichnete ihn als „Schild und Schwert der Partei" und er bekam den offiziellen Namen „Ministerium für Staatssicherheit", abgekürzt MfS. In der Bevölkerung wurde dieser Geheimdienst einfach nur „Stasi" genannt.

Die Mitarbeiter der Stasi fanden ihre Lehrer und Vorbilder in den Funktionären des russischen Geheimdienstes und lernten von ihnen, wie man Leute überwacht, bespitzelt, verhaftet, verhört und quält. Und da die Deutschen ja während der Nazi-Zeit schon bewiesen hatten, dass sie zu allen Grausamkeiten fähig waren, mussten sie sich während der DDR-Zeit in den Fähigkeiten ihrer Raffinesse und Brutalität nicht steigern.

Die Aufgaben des Ministeriums für Staatssicherheit waren vielfältig. Das

Wichtigste war, jeglichen Widerstand gegen die kommunistische Regierung bereits schon dann zu erkennen, wenn er auch nur als kleiner Gedanke im Kopf eines Menschen aufkeimte, um ihn so schnell und effektiv wie nur möglich und mit allen zur Verfügung stehenden Mitteln zu bekämpfen. Ein Mensch brauchte also nur in dem Verdacht zu stehen, irgendeine Abneigung gegen den Kommunismus zu haben, schon konnte es passieren, dass er geschnappt und verhört wurde. Bei solchen Verhören waren die Mitarbeiter der Stasi nicht zimperlich. Sie wandten die verschiedensten Methoden an, die Verhafteten zu quälen, sodass diese, weil sie die Qualen nicht mehr aushielten, irgendein Geständnis unterschrieben, in der Hoffnung, dass man sie dann endlich in Ruhe ließ. Aber genau das Gegenteil trat ein: Aufgrund des Geständnisses kamen sie ins Gefängnis, wo es ihnen für die nächsten Jahre nicht besser ging.

Wie viel mehr konnten all die Menschen sicher sein, im Gefängnis zu landen, die wirklich in der Öffentlichkeit ihre Meinung gegen die DDR-Regierung äußerten oder sogar aktive Schritte unternahmen, um sie zu stürzen. In der Schule werdet ihr sicher im Geschichtsunterricht noch vieles Interessante aus dieser Zeit hören, zum Beispiel auch von einem ganz besonderen Tag: Das war der 17. Juni 1953. An diesem Tag erhoben sich nämlich in einigen großen Städten der DDR Tausende von Bürgern gegen die kommunistische Regierung, indem sie ihre Arbeit niederlegten und in öffentlichen Demonstrationen auf den Straßen protestierten. Doch mit Hilfe von sowjetischen Soldaten und Panzern wurde dieser Aufstand brutal niedergeschlagen. Und die meisten derer, die daran teilgenommen hatten, landeten im Gefängnis.

Eine weitere Aufgabe der Stasi bestand darin, Menschen daran zu hindern, in den freien Teil Deutschlands, die Bundesrepublik, überzusiedeln. Und da diese Aufgabe für die Mitarbeiter der Stasi eine nicht zu bewältigende Herausforderung darstellte, ließ die DDR-Regierung im August 1961 mitten durch Berlin eine große Mauer bauen, die man von nun an nicht mehr überwinden konnte, ohne dabei zu riskieren, von den Grenzsoldaten erschossen zu werden. Ebenso wurde die gesamte Grenze zwischen Ost- und Westdeutschland dicht gemacht. Somit entstand für die Stasi eine weitere Aufgabe: Schon bevor Menschen ihre Fluchtpläne in den Westen in die Tat umsetzten, sollten sie geschnappt und eingesperrt werden. Aber um zu erfahren, ob Menschen

fliehen wollten, mussten sie überwacht und bespitzelt werden.
Die Bespitzelung der Menschen fand auf die verschiedensten Arten statt. Bei den wenigen DDR-Bürgern, die sich als glückliche Besitzer eines Telefons bezeichnen durften, wurde das Telefon, mitunter Tag und Nacht, abgehört. In die Wohnungen von Verdächtigen wurde, wenn sie gerade zur Arbeit waren, eingebrochen und eine „Wanze" eingebaut. Eine Wanze war ein kleines Mikrofon, das gut versteckt in einer Ecke oder unter einem Möbelstück eingebaut wurde. Nun konnte die Stasi alle Gespräche, die die Leute in der Wohnung führten, mithören. Die Stasi erfuhr auf diese Weise nicht nur die Absicht von Menschen, die DDR durch eine ausgeklügelte Flucht zu verlassen, sondern sie erfuhr ebenso, wenn Menschen etwas an diesem kommunistischen Überwachungs- und Unterdrückungssystem der Unfreiheit ändern wollten.
Die Mitarbeiter der Stasi hatten wirklich immer alle Hände voll zu tun, um mit der Überwachung der Bevölkerung fertig zu werden. Deshalb wurden auch immer mehr Mitarbeiter bei der Stasi eingestellt. Und weil all diese hauptberuflich offiziell angestellten Stasi-Arbeiter auch nicht ausreichten, versuchte man Leute aus der normalen Bevölkerung für die inoffizielle Mitarbeit bei der Stasi zu gewinnen. Man versprach ihnen begehrte Studienplätze, gute Jobs, eine steile Karriere, materielle und finanzielle Unterstützung, wenn sie sich bereit erklärten, ihre Mitschüler, Kommilitonen, Kollegen, Freunde oder sogar Familienangehörigen zu bespitzeln und auszuhorchen und danach die Ergebnisse ihrer Spitzelei den hauptamtlichen Stasi-Stellen mitzuteilen. So gab es am Ende der DDR-Zeit über 91 000 hauptamtliche und ca. 180 000 inoffizielle Stasi-Mitarbeiter. Das heißt, auf 60 bis 70 DDR-Bürger kam ein Stasi-Spitzel. Man wusste also nie, ob der beste Freund oder gar der Ehepartner ein Stasi-Mitarbeiter war. Man konnte keinem trauen und nirgends ehrlich seine Meinung sagen, ohne befürchten zu müssen, an die Stasi verraten zu werden mit all den schlimmen Folgen, die das mit sich bringen konnte.
In der DDR gab es viele Stasi-Gefängnisse. Die Bekanntesten waren in Bautzen und in Berlin-Hohenschönhausen. Noch heute kann man dorthin fahren und sich alles ganz genau anschauen und erklären lassen. Vielleicht fragt ihr eure Eltern oder eure Klassenlehrer mal, ob sie mit euch eine Fahrt dorthin unternehmen. Dann könnt ihr euch noch viel besser all das vorstellen, was

ich versucht habe zu erklären. Und ihr könnt vielleicht auch ein bisschen besser mitfühlen, was die Menschen in der DDR erleiden mussten, besonders dann, wenn sie nicht immer brav alles mitmachten, was die Regierung und die Partei befohlen hatten. Und ihr könnt dort selbst sehen, in welchen Zuständen diejenigen leben mussten, die von der Stasi verhaftet und in eines ihrer Gefängnisse eingesperrt wurden. Vielleicht könnt ihr dann sogar ein ganz kleines bisschen erahnen, was es für sie bedeutet hat, nicht mehr zu wissen, wie es inzwischen ihren Angehörigen geht. Oder ihr könnt euch ein wenig in sie hineinversetzen, wie einsam sie sich fühlten, weil ihnen verboten war, mit irgendeinem anderen Gefangenen zu sprechen, oder welche Ängste sie ausstanden, wenn sie Tag und Nacht überwacht wurden und nie wussten, welche Fragen ihnen beim nächsten Verhör gestellt wurden und ob sie wieder gequält und gefoltert würden.

Ich glaube, dass ihr fast genauso froh wie ich seid, dass die Zeit der DDR nun schon über 20 Jahre vorbei ist und wir in Deutschland alle in einem freien, demokratischen Land leben dürfen.

Etwas Wichtiges möchte ich euch noch aufs Herz legen: Haltet immer Augen und Ohren offen, damit es in unserem Land nie wieder zu solch einer Diktatur der Überwachung und Bespitzelung kommt und dass nie wieder Andersdenkende verfolgt oder eingesperrt werden.

Ich wünsche euch von Herzen, dass ihr alle glücklich und frei sein dürft bis ans Ende eures Lebens!

QUELLENVERZEICHNIS

1. Knabe, Hubertus (Hg.). „Gefangen in Hohenschönhausen";
Ullstein Buchverlage GmbH, Berlin 2007.

2. Thiele, Walter: „365 Tage Rohkost";
Verlag: Frischkostkurse Walter Thiele,
Druck: Hanseatische Verlagsanstalt Hamburg und Wandsbek, 1933.

3. „Informationen zur politischen Bildungs-Geschichte der DDR",
Nr. 231, 2. Quartal 1991.

BILDANHANG

Benjamin, Thaddäus, Jonathan und Nikolaus in der Adventszeit 1983

Der stolze Vater mit seinem 5. Sohn

Engel-Bande im Advent 1988

Auf unserem Spielplatz-
Nikolaus, Jonathan und
Thaddäus

Die gute Seite des
Schulbeginns -
Thaddäus zwischen
Benjamin und Jonathan
als Schulanfänger

Aller Anfang ist schwer, aber wohl dem, der ein Fahrrad hat!

Benjamin als Bandleader

Thaddäus mit Nikolaus

Der Ausklopfer hat bessere Zwecke
verdient, nämlich das Musizieren

Einer muss ja die Übersicht haben-
Nikolaus als Sheriff

Kirche Ottendorf-Okrilla

Mit der Eisenbahn zur Urgroßmutter

Rast während eines Ausflugs mit dem Trabi-Mutter mit den 4 Ältesten

Trabi - das Traumfahrzeug der DDR-Bürger

Wanderrast mit der ganzen Familie

Alle 5 Söhne nach der Ankunft des Jüngsten, Gabriel, 1988 in unserer Stube

Benjamin und seine Brüder auf der Rutsche in unserem Gelände

Die 4 ältesten Söhne auf der Mutter Erde

Im Garten tragen sie stolz den kleinen Bruder Nikolaus in ihren Armen

Eine der sozialistischen Parolen im Dorf

In unserem Grundstück -Nikolaus, Jonathan, Thaddäus und Benjamin

Mutters Heimkehr aus dem Krankenhaus mit dem 5. Sohn Gabriel